Sección de Obras de Historia

RUSIA BAJO LOS ESCOMBROS

Traducción de
Daniel Zadunaisky
José Amícola
Ana Jeckel

ALEXANDR SOLZHENITSYN

RUSIA
BAJO LOS ESCOMBROS

FONDO DE CULTURA ECONÓMICA

MÉXICO - ARGENTINA - BRASIL - COLOMBIA - CHILE - ESPAÑA
ESTADOS UNIDOS DE AMÉRICA - PERÚ - VENEZUELA

Primera edición en francés, 1998
Primera edición en español, 1999

Título original: *Rossía v obvale*
© 1998, Alexandr Solzhenitsyn, para la lengua rusa.
© 1998, Librairie Arthème Fayard, para las otras lenguas.
ISBN de la edición original: 2-213-60249-2

D. R. © Fondo de Cultura Económica de Argentina, S.A.
    El Salvador 5665; 1414, Buenos Aires
    Av. Picacho Ajusco 227; 14200, México D. F.

ISBN: 950-557-278-6

Impreso en Argentina - *Printed in Argentina*
Hecho el depósito que previene la Ley 11.723

INTRODUCCIÓN

"En el reloj del comunismo ha sonado la última hora. Pero el edificio de hormigón aún no se ha derrumbado. Y no sería bueno que, en lugar de liberarnos, todos quedemos aplastados bajo los escombros." Con esta inquietud inicié mi libro de 1990, *¿Cómo reorganizar Rusia?*[*]

Sin embargo, ese año, todos se apiñaban frente a sus televisores para seguir con pasión las deliberaciones del Soviet Supremo, a la espera impaciente de que sucediera algo allí que cambiara sus vidas. El año 1991 trajo un júbilo aun mayor y el siguiente también, al menos para algunos.

Pero hoy todos reconocen que Rusia está completamente aplastada.

Algunos dicen que no podía ser de otra manera, que no existía otro camino y era necesario afrontar las *dificultades pasajeras*. Pero los sensatos saben que sí existía otro camino, el camino correcto, y que un pueblo siempre tiene los recursos para hallarlo.

Estoy convencido de que ésta es la verdad, pero la polémica ya pertenece al pasado: lo importante ahora es que reflexionemos juntos sobre el modo de alzarnos sobre los escombros.[**]

Hace ya 12 años que Rusia entró en un nuevo período de crisis que afecta a lo más profundo de su vida política, así como de la sociedad en su conjunto. Al publicar esta obra –la última que dedico a estos problemas– no espero contribuir en lo inmediato a encontrar los caminos de nuestra curación. No soy sino un testigo, entre otros, de este siglo cuyas atrocidades, en lo que hace a Rusia, no han cesado, y si escribo este libro es para dejar asentado aquello que hemos visto, que vemos hoy y que soportamos.

---

[*] Hay trad. cast.: Madrid, Tusquest, 1991. (N. del E.)

[**] Aquí la expresión recuerda la célebre compilación en francés *Des Voix sous les décombres* [*Voces bajo los escombros*] (París, Seuil, 1974) realizada por Solzhenitsyn el año de su expulsión de la Unión Soviética. (N. del E.)

Desde luego, no soy el único que hace este balance y reflexiona sobre tales problemas. En nuestro país hay muchas personas que comparten puntos de vista similares o afines a los míos. Se han publicado muchos artículos que analizan nuestros males y defectos de manera detallada, aunque dispersa. Entonces, es necesario que alguien se aparte por un momento del torbellino de la vida para hacer una síntesis.

Este estudio es la prolongación de una obra anterior (*El "problema ruso" al final del siglo XX**) dedicada a la situación actual y al destino de un pueblo, el pueblo ruso.

---

* Trad. cast. de Enrique Fernández Vernet, Barcelona, Tusquest, 1995. (N. del E.)

I. Rusia: un espacio resquebrajado

DURANTE LOS ÚLTIMOS CUATRO AÑOS he podido recorrer 26 provincias y comarcas rusas. En algunas sólo conocí las capitales; pero con mayor frecuencia, visitando pequeños centros suburbanos, tomé contacto con el corazón de la región. Participé de casi un centenar de reuniones públicas (con auditorios de 100 a 200 personas, a veces de 1.500 a 1.700) en las que se discutían toda clase de problemas sin la menor restricción; después de cada encuentro, muchos se reunían a mi alrededor para prolongar el diálogo y el intercambio de ideas. Dicho de otra manera, mis interlocutores se contaban de a miles. También tuve reuniones privadas e incluso íntimas (frecuentemente con autoridades regionales). Todo esto dejó en mí impresiones fuertes, recuerdos inolvidables de la vida y el estado de ánimo de nuestro pueblo, de todos los estratos sociales. Estos sentimientos se ven acentuados, una y otra vez, por los millares de cartas que recibo desde todos los rincones de Rusia. Al redactar este pequeño ensayo, tengo la sensación de estar rodeado constantemente por nuestra diversidad, extendida por ahora a lo ancho del espacio ruso que se ha resquebrajado, pero que sufre en todas partes los mismos males: sí, los problemas, los desvelos, las angustias de siempre. ¡Rusia, a la que se han empeñado en romper en pedazos, sigue siendo una sola! Mientras escribo, oigo el susurro de tantas recomendaciones, buenos deseos, ruegos, despedidas. Jamás volveré a ver a mi patria en toda su inmensidad, pero el aire que respiré allí me bastará por el resto de mis días. (Sin embargo, hubiera continuado mi recorrido insaciable a través de Rusia; en todas partes dejé mi corazón.) Escribo este libro y veo nuevamente posadas en mí las miradas en las que se leían el reclamo y el ruego, el desconcierto, la ira y la súplica.

No pretendo reproducir aquí siquiera una parte significativa de lo que oí: para ello haría falta un volumen grueso. Veamos algunas expresiones aisladas:

"Nos quitan todo de las manos. Nadie se interesa por nada. El gobierno no tiene programa. Esperábamos la democracia, pero ahora nadie cree en nadie" (un conductor de maquinaria agrícola en Krasnoiarsk). "Quien trabaja honradamente ya no tiene de qué vivir." "Uno sigue trabajando por costumbre, pero sin saber a dónde va." "No tenemos la menor influencia." (Complejo químico de Biisk.) La tristeza y la humillación que se leen en los ojos de esos jóvenes desgarran el corazón: suprimidos sus puestos calificados, se ven obligados a realizar tareas subalternas. "Ahora, el que no trabaja es el que mejor vive. Cuando vas al mercado a vender tus productos, te cobran impuestos. Cuanto menos produces, menos pierdes" (un jefe de aldea en Ussuri). "La ley de la tierra fue hecha por personas que jamás vivieron en el campo" (otro jefe de aldea de la misma región). Los investigadores del Instituto Oceanográfico no sólo se quejan de su miseria, sino que constatan que el derrame de desechos en el mar ha destruido organismos inferiores, lo cual provocará en el futuro la desaparición de especies enteras. (Es tal la pobreza del Instituto que cada uno lleva sus propios instrumentos, incluso los lápices.) Las telas importadas de China dan una nota de color en el mercado de pulgas de Krasnoiarsk. Conocí a una anciana que iba y venía entre Rusia y China, quien me dijo: "Soy maestra, y me avergüenza tener que ganarme la vida de este modo". Le respondí: "Es Rusia la que debería sentir vergüenza".

Unos estudiantes me dicen: "¿Conoceremos el día en que la ciencia goce de mayor estima que el comercio?" "En la escuela hay niños que se desmayan de hambre." Hay niños *rechazados* (abandonados por sus padres). Un anciano comenta: "Ahorré durante toda mi vida y ahora el dinero no vale nada. ¿Qué hice yo para que me robaran?" En todas partes se oye: "¿Dónde se puede conseguir el dinero para pagar un entierro?" "En la aldea tuvimos que hacer una colecta para enterrar a un veterano de la Segunda Guerra." "¿Qué haremos ahora?" "¿Y mañana?" "¿Y mañana?" Es una pregunta que se repite constantemente. Durante una parada de dos minutos en una estación se acerca un ferroviario jubilado: "¡Ayúdenos a vivir unos años más!" En Irkutsk, como en otras ciudades: "Ahora somos nosotros los que estamos detrás de los barrotes" (los hay en todas las ventanas debido a los ladrones).

Jamás olvidaré el "caserío" de Vysotki en Ust-Illimsk. Allí tuvo lugar el primer "desembarco" de obreros, cuando se emprendió la construcción de la gran central hidroeléctrica cercana. Se construían de prisa refugios improvisados. Treinta años más tarde, junto a la "ciudad socialista", aún existían esas cabañas donde se hacinaban los menos astutos o bien ex detenidos. En la plaza principal se alza una montaña de chatarra y vidrio. ("Hace once años que pedimos que venga un camión a retirarla.") No hay agua corriente, hay que traerla y pagar por ella; es sólo para beber, no para lavar ni regar las huertas. Para lavar hay que ir más lejos, a "la bomba", pero ésta no tiene presión en el verano. No hay un solo teléfono en todo el caserío; la tienda más próxima está a dos kilómetros. ¿Cuántos "caseríos" como éste existen hoy en Rusia?

A partir del verano de 1994 llegan voces plañideras de toda Siberia: "¿Cómo sobrevivir? ¿De qué sirve estar vivo?" (Una reunión en Ulan-Udé.) "Después de tantas desgracias que han golpeado a Rusia, tal vez nunca volvamos a levantarnos." (Una reunión en Tomsk.) "¿Cuántas veces nos mintieron?" "¿En nombre de qué lo hacen?" (Iskitim, ¡qué tristeza!) "No tengo ganas de hablar: ya no sé qué decir, mejor es morirse y terminar de una vez." (Un obrero en Tiumen.) "No quiero que mi hijo viva como un esclavo en este país: ¡que se vaya!" (En la estación de Chita.) Y un año después, en la región de Penza (Kuznetsk): "Si esto dura un poco más, ya no se podrá salvar nada".

A lo largo de 1994 resonaron innumerables voces por todas partes: "El pueblo está totalmente sometido." "No tengo la menor confianza en este gobierno." "Aquí nadie cree en las autoridades, los diputados ni el presidente." "En las altas esferas del gobierno sólo hay ladrones de guante blanco."

En 1995 viajé por la región del Volga, donde pude constatar que esta cólera se expresaba de manera aun más acerba. En mis reuniones, cada vez que alguien elogiaba el "pasado" (comunista), lo aplaudían unos dos tercios del auditorio. Cuando yo objetaba que los presentes, siquiera por su edad, no conocían los horrores del pasado, la sala se llenaba de murmullos de protesta. Faltaban tres meses para las elecciones a la Duma, y al escucharlos yo me convencía de que los comunistas obtendrían la mayoría.

Bastaba echar una mirada en derredor: "Se nos encoge el corazón al ver lo que están haciendo" (con los seres humanos o la naturaleza). "La gente bebe agua de un río arcilloso" (Tara). Hay *niños amarillos*. (Una enfermedad que ataca a los recién nacidos, Altai.) Hay cada vez más niños deformes, sordos, afectados de tiroiditis (Voronezh, hasta donde llegó la radiactividad de Chernobyl). Los padres de los niños reparan los edificios escolares sin recibir un céntimo del Estado. Hay baños transformados en aulas. En las escuelas donde se realiza la enseñanza por turnos, la pausa entre clases es de apenas cinco minutos. No hay tiempo ni para hacer el relevo. Una maestra en el comienzo de su carrera gana el equivalente a 12 dólares por mes (lo mismo que gana un obrero norteamericano no calificado por hora). Pero una maestra experta, con años de antigüedad y treinta horas semanales de clase, me confía: "Si me enfermo, no tengo con qué curarme" (Novaia Korcheva). "Me da vergüenza presentarme ante mis alumnos, no tengo ropa para ponerme" (distrito de Novossil). Las bibliotecas escolares ya no reciben manuales y los que poseen se caen a pedazos. "¿Qué podemos hacer sin libros?" (A pesar de ello, los alumnos de último año de una escuela provincial deciden presentarse a concursos donde ofrecen un puesto por cada cinco postulantes...) Me cruzo con un grupo de soldados conscriptos (en el BAM, cerca de los rápidos del Padun) y da pena verlos: adolescentes enclenques, débiles, de mirada triste y resignada, sin perspectivas a la vista. Otros (Stavropol) no han sabido arreglárselas: ahí están, encerrados en el ejército, sin siquiera un diploma de enseñanza profesional en el bolsillo. Ahora "reina la moral del lucro" (Riazan). "Esta es la generación del 'papelito verde'" (Rostov). "Entre nosotros, la ideología vigente es la del 'todo para mí, nada para los demás'" (Kinel). "Los niños ven que los que roban viven espléndidamente; mi padre es un ingenuo, quiere vivir honradamente." "Niñas de 12 años hacen 'eso' por dinero."

Se dejan oír bufidos de exasperación: "¡El Estado no hace más que robar!" "Los funcionarios tienen inmunidad." "Los demócratas, vamos, resultaron ser los más corruptos." "¿Cómo se hicieron millonarios de la noche a la mañana?" (Iaroslavl). Un viejo jubilado de Tver comenta: "Hasta donde alcanza mi memoria, siempre nos dedicamos a *construir* algo. Hoy construimos el 'Estado de derecho', pero no se puede hacer nada para obtener justicia". "Parece que ahora somos libres,

¿pero dónde está la libertad cuando uno pierde el trabajo y tiene vacaciones sin quererlas?" (Novosibirsk). "¡Tuvieron que cometer fraude con los votos para aprobar la Constitución!" (Omsk). "La línea política dictada por Moscú no tiene otro fin que el de sembrar la división" (Kimry). "Moscú ya no parece una ciudad rusa" (una anciana en Uglich). "¿Cómo pueden destruir en dos años lo que se construyó durante siglos?" (Kostroma). "El gobierno comete una estupidez detrás de otra." En todas mis peregrinaciones oí un clamor insistente: "¡Hay algo detrás de todo eso!" "¡Es un plan concertado!" "¡Es una política deliberada para destruir a Rusia, de eso no cabe duda!" "¿Hasta cuándo Rusia será gobernada por gente indigna?" (Penza, fuertes aplausos en la sala.) Un estudiante en Novosibirsk: "¡La televisión es abominable!" Samara: "En la fábrica, los muchachos dicen que debemos armarnos como en el 17". Perm: "Necesitamos un hombre de mano fuerte, si no, corremos hacia la catástrofe".

Otras voces expresan juicios más lúcidos: "Nosotros mismos somos culpables: cada uno espera la ayuda de otro, pero todos deberíamos tomar la iniciativa". "No hay motivos para sorprenderse: hablamos, hablamos y nadie hace nada." (Es verdad: nadie o casi nadie habla de la autogestión y cómo ponerla en marcha, es algo que no está en la mente de nadie y soy yo quien debe orientar la discusión en ese sentido.) "Esperamos al que nos unifique." Y es verdad, la gente busca unir sus fuerzas por todos los medios.

Desgraciadamente, todos los rusos padecemos el mismo defecto: ¡no sabemos agruparnos!

Y muchas personas juiciosas, sensatas, pero obstinadas, se preguntan: "¿Es verdad que no existe una tercera vía?" "¿Cómo salir ahora de esta política inoperante?" "¿Es posible poner fin a la corrupción y la decadencia?" "¡La joven generación está sufriendo su destrucción moral!" "Una fábrica deteriorada se puede reparar, pero el que le ha tomado el gusto al dinero fácil es irrecuperable."

"Tendremos que soportar tiempos difíciles": todos son conscientes de ello a pesar de los discursos reconfortantes de los funcionarios. Y la gente emite juicios infinitamente más lúcidos que las estupideces vomitadas por ministros y diputados para la televisión. Un hecho revelador: a medida que uno se aleja de los grandes centros, e incluso de las ciudades pequeñas, para penetrar profundamente en

Rusia (un sovjós* perdido de la región del Volga o en Poim, una aldea grande en los alrededores de Penza, o incluso Eiduchanka, un caserío sobre el Angara, desplazado por una inundación), las polémicas tienden a distanciarse de la efervescencia política, la pasión y el agravio, para volverse serias y reflexivas. En Siberia, sobre todo, la gente permanece sana, firme. (Después de recorrer Siberia comprobé con alivio que la propaganda a favor del separatismo siberiano, difundida semana tras semana, durante años, por la radio estadounidense Liberty*,* no dejó la menor huella en los espíritus.) "¡Que le den al pueblo la posibilidad de expresarse!" "Si sólo nos escucharan..." O bien aparecen preguntas (universidad de Tver): "¿Cómo hacer, *hoy*, para *vivir sin la mentira*?"** O bien, de manera más directa: "¿Cómo salvar a Rusia?" (Ulan-Udé). Pues bien, responderemos...

Hay pequeñas llamas vacilantes, pero que arden constantemente. Y por todas partes se oye: "¡No, no es el fin de Rusia! ¿Pero qué debemos hacer para que el camino hacia su renacimiento no sea tan duro?" (Stavropol). En Vladivostok, en una escuela secundaria privada, para niños de las familias pudientes, un alumno pide la palabra: "¿Y los niños pobres, quién se ocupará de ellos, dónde estudiarán?" En Krasnoiarsk me presentan a un biólogo (cuatro hijos, la madre sufre parálisis); expresa su preocupación porque la gente honesta e inteligente está excluida de los puestos de responsabilidad y me confía que ha reflexionado sobre la manera de poner en marcha un sistema de promociones que favorezca a las personas de talento. (Pero me pregunto si nuestro gobierno necesita gente valiosa...) Sea aisladamente (me escriben) o en pequeños grupos, a pesar del peso de la vida cotidiana y la miseria, estas personas se afanan para que esas "pequeñas llamas" no se extingan. En Stavropol, sobre el Volga, hay una "escuela de formación" para niños a partir de los 11 años. Docentes de la región de Saratov se preguntan: "¿Cómo transmitir a los niños los verdaderos valores, cuando la televisión y todo lo demás está en contra?" En Novaia Korcheva (región de Tver), se mantiene a duras penas

---

* Las palabras o expresiones señaladas con • remiten al "Glosario e índice onomástico". (N. del E.)

** Alusión a un célebre artículo de Solzhenitsyn en la compilación *Des Voix sous les décombres* [*Voces bajo los escombros*], París, Seuil, 1974. (N. del E.)

un "centro cultural" que recibe a cuatrocientos niños fuera de las horas de clase. En Kaliazin hay una "escuela de bellas artes" con más de sesenta alumnos. En Kimry, la "casa de las artesanías y el folklore" ha formado en oficios vinculados con el arte a casi doscientos alumnos en cinco años. "La gente sufre por no poder trabajar juntos en una obra común. ¡Hay que salvar el alma del pueblo!" (V. I. Beliakova). En Kashin se organiza, a costa de enormes sacrificios, un "festival del renacimiento de Rusia" para la juventud. La biblioteca de Kashin (de doscientos años, y otrora bien provista) difunde, en la medida que puede, el saber y la cultura: en efecto, las obras clásicas son carísimas. "¡Las tendremos todas!", promete la directora, G. B. Volkova. (La ciudad de Kashin es una maravilla... ¡abandonada! Un grabador local resume: "Es un cofre de joyas transformado en un cubo de basura".) ¡Cuántos tesoros del pasado han quedado en nuestras "pequeñas ciudades"! Ésos son los fundamentos del porvenir.

Hablemos solamente de los bibliotecarios –los hay en toda Rusia–: ¿de dónde sacan fuerzas para salir adelante en medio del derrumbe general? No, el pueblo ruso está vivo, no han logrado aniquilarlo.

Y hay algo más. Quizás, una afirmación masiva. En Vladivostok me decían: "Los rusos no valoran su propia cultura. Y si no salvamos la cultura, no salvaremos la nación". En una reunión en Jabarovsk, varios intelectuales formularon la pregunta: "¿Sabrá el pueblo ruso conservar su identidad espiritual?" Dice una residente de Blagoveschensk, ortodoxa, de edad madura: "¿Nuestro Estado no debería ser ortodoxo?" En Rostov: "Sin Dios, no necesito a Rusia; sin Rusia, no necesito la libertad". "Si no hacemos penitencia, Rusia se pierde." Esta voz no deja de hacerse oír en todas o casi todas las reuniones, siempre aislada pero jamás acallada del todo. "No, hoy la ortodoxia no sostiene al Estado, es frágil." Un estibador en Samara: "A los rusos los maltratan en todas partes. ¡Pero cuando tratan de defenderse, los acusan de fascistas!" En la universidad de Saratov: "¿Ya no se puede esperar nada del pueblo ruso?" En Uglich, al comienzo de una reunión, un hombre joven resume toda la discusión: "Dígame, ¿qué significa hoy *ser ruso*?"

Estos son, amigos míos, los problemas que trataré de abordar en este libro. Lo haré como pueda.

La zona del poder

II. Los primeros años
de una democracia largamente esperada

Las jornadas del 19 al 21 de agosto de 1991 hubieran podido señalar el apogeo de la historia de Rusia. Los sucesos tuvieron el carácter de una auténtica revolución: un entusiasmo masivo no sólo en la opinión pública sino también, en gran medida, en la población de la capital (lo mismo sucede en las provincias). La multitud se expresa libremente en la calle. Hay una sensación candente de un viraje histórico fundamental. La ineptitud y pusilanimidad de los golpistas había demostrado que el poder comunista en la URSS estaba exánime, próximo a morir. Los que encabezaban la insurrección tenían la posibilidad de cubrirse de gloria con sólo tomar algunas medidas enérgicas que hubieran transformado a Rusia tanto en su interior como en relación con el "coro de las soberanías" que se alzaba en las repúblicas federadas. Si se hubiesen dejado guiar por el amor del pueblo, los nuevos dirigentes no hubieran encontrado la menor resistencia al decretar la prohibición inmediata y la disolución del Partido Comunista; autorizar el desarrollo de la pequeña empresa, prohibida desde hacía sesenta años y sin la cual la población soviética se ahogaba (hubiera sido la más natural y eficaz de las medidas previas a la reforma económica); otorgar el poder real de autogestión a los gobiernos locales, que el régimen comunista jamás reconoció a los soviets*; denunciar explícitamente –y de esa manera romper de una vez por todas con el bolchevismo– el carácter artificial de las fronteras entre las repúblicas de la URSS, inventadas por Lenin y sus sucesores: expresar estas posiciones no hubiera entrañado acción concreta alguna en lo inmediato, pero hubiera servido de base para negociaciones posteriores, por prolongadas que fuesen. (Exponer aquí los sucesos en escala histórica sería apuntar demasiado alto: la consecuencia lógica de la caída del poder bolchevique era el regreso a las instituciones existentes en 1916. Porque la revolución de febrero de 1917, en el torbellino de las buenas intenciones y el alboroto generalizado, no había sentado los cimientos jurídicos del Estado.)

No se hizo nada de eso. En pocos días los jefes de la insurrección se dedicaron a engañar, a traicionar las esperanzas que las masas populares habían depositado en ellos. Para celebrar la victoria de la democracia, la primera acción espectacular de los nuevos dirigentes y los que se agruparon a su alrededor consistió en apoderarse de las oficinas del Kremlin, los autos oficiales, los mejores alojamientos. A eso se dedicaron en las horas cruciales, cuando era posible modelar el destino de Rusia como la cera caliente. Y he aquí que cuando está en juego el destino de Rusia, se constituye rápidamente una camarilla con un solo pensamiento: ¡el poder, ese regalo caído del cielo! ¿Qué les importaban las *fronteras* de la nación? El entonces vicepresidente partió rápidamente hacia Kiev y luego a Alma-Ata para firmar el acta de abandono de una decena de regiones con predominio étnico ruso, lo que equivalía a desentenderse de 18 millones de personas. Esta capitulación fue ratificada más de una vez por medio del reconocimiento de las fronteras interiores de la URSS como límites nacionales, supuestamente bajo la égida de los acuerdos de Helsinki de 1975. La desintegración de la URSS era inevitable, se la veía venir desde mayo de 1991; pero había tiempo para preparar y atenuar los daños que ocasionaría a millones de personas, tanto en lo económico y lo cotidiano como en la vida privada. Sea como fuere, no había motivo alguno para acelerar el proceso. El presidente de Ucrania tenía sus razones para hacerlo, pero el de Rusia no tenía el menor motivo.

Así, desde los primeros días, el nuevo gobierno hizo gala de la mayor confusión de espíritu (¡pero no se trata solamente de confusión!), así como de indiferencia hacia la suerte de las poblaciones rusas. Frente a los grandes acontecimientos, el gobierno estaba totalmente desorientado pero, absorto en sus intereses particulares, ni siquiera se daba cuenta.

Durante los siete años siguientes el gobierno prácticamente no ha cambiado, y es lógico pensar que seguirá siendo el mismo.

Pues bien, ¿ha ingresado Rusia en la era de la democracia? Eso es lo que se proclama a voz en cuello. El resultado ha sido la aparición de un gran número, incluso se podría decir de una multitud, de... *demócratas*. Esto es tanto más notable por cuanto entre los nuevos astros de la política hay apenas cinco o seis que combatieron el régimen soviético. Los demás eran conspiradores de entrecasa que se

vieron proyectados a las alturas de un cielo desde ahora sin nubes...
y aun así no eran los peores. Algunas de las águilas de la nueva democracia provenían directamente de *Pravda* y la revista *Kommunist*, de
las academias comunistas, los estamentos regionales del Partido y el
mismo Comité Central. Responsables de la propaganda comunista se
convirtieron de la noche a la mañana en demócratas, y de los más radicales. Algunos explicaron que habían llegado a la cima de la jerar-
quía comunista para evitar que los puestos de responsabilidad que-
daran en manos de ineptos. Ahora, con el único fin de salvar y consolidar la Nueva Rusia, estaban dispuestos a sacrificarse y tomar el
poder. Y en efecto, esgrimían un argumento muy fuerte: eran los únicos que tenían experiencia en el poder. En síntesis, eran profesionales. (Ahora bien, el profesionalismo no se mide por los puestos ocupados sino por los resultados del trabajo realizado, y los resultados
obtenidos por estos tránsfugas fueron catastróficos en poco tiempo.) Y he aquí lo que nos decían para justificar los errores cometidos
por el nuevo gobierno: ¿cómo se puede construir una democracia
auténtica en plena anarquía económica y social, en plena inestabilidad política? Pero esta maldita "inestabilidad política" no es sino la
consecuencia de las reformas ineptas.

El único terreno en el que los neodemócratas supieron dar pruebas de su profesionalismo es en el de su capacidad para sostener el
nuevo régimen y garantizar su propaganda ideológica. En cambio,
han demostrado ser incapaces de manifestar el menor interés por las
necesidades del pueblo y las desgracias que lo aquejan. Quienes aplican la "terapia de choque" pierden el derecho de presentarse como
defensores de los "derechos humanos".

Una de las prioridades del nuevo régimen –acaso la primera de todas– fue organizar una actividad parlamentaria tan artificial como
desbordante: el *pluripartidismo*.

Durante un año, dos, tres, y sin fundamentos, innumerables partidos políticos, uniones, bloques, frentes, alianzas (nadie recuerda todos
los nombres ni cuántos aparecieron) nacieron, se inflaron, estallaron,
se unieron, se rompieron; innumerables dirigentes liberales, demócratas y radical demócratas ascendieron al firmamento de la política para
ser desplazados rápidamente por otros y caer en el olvido. El *pluripartidismo* era el premio esperado y codiciado por la revuelta de 1991, y

los partidos proliferaban, formaban bloques, se embriagaban de política, aunque entre todos ellos el único que existía realmente era el Comunista. (No es casual que en 1992 Ieltsin declarara que el siete de noviembre* seguiría siendo nuestra "fiesta nacional".) Además, como si fuera por efecto del destino, ciertos partiduchos de patriotas rusos empezaron a buscar los favores y el apoyo de los comunistas, en tanto estos últimos, descendientes de los "antipatriotas" leninistas, descubrieron las ventajas de proclamarse "patriotas rusos". ¿Ironía de la historia?

La aparición de una auténtica segunda fuerza se materializó en el Soviet Supremo de Jasbulatov. Su férrea oposición al presidente tomó, en 1993, la forma de un conflicto en torno de la nueva Constitución rusa que, con el transcurrir de los meses, se volvió cada vez más amenazador. Los trabajos constitucionales avanzaban lentamente, pero la lucha era feroz y Rusia se encontraba sometida a un régimen diárquico tanto más peligroso por cuanto los dos adversarios andaban en regateos políticos con las entidades nacionales autónomas, con el fin de conseguir el mayor número posible de aliados. Con gran alboroto mediático se pusieron por las nubes los privilegios de las regiones autónomas; de golpe, las regiones rusas, ansiosas por no perderse el festín, se autoproclamaron repúblicas, unas tras otras y con el mismo jaleo. Era un verdadero torbellino de vientos cruzados cuyas consecuencias resultaban evidentes para pocos; pero yo, que ese año me hallaba todavía en el extranjero, tuve la certeza de que con esa dualidad de poderes, esa "carrera de las repúblicas", Rusia corría el riesgo de desintegrarse, si no en unas semanas, al menos en los próximos meses. Asistíamos a una reedición del caos generado por el gobierno provisional de Kerenski*. Para salvar la integridad rusa era necesario *poner fin inmediatamente* a la diarquía. Poco importaba cuál de los dos adversarios en pugna acabara por imponerse.

Debido a que seis meses antes no se había hallado una solución razonable, el enfrentamiento condujo a las cruentas jornadas de octubre de 1993 (con más de ciento cincuenta muertos, en su mayoría inocentes que no participaban del conflicto), ante los aplausos de los neodemócratas que clamaban a voz en cuello: "¡Aniquilemos al infame!" –por la fuerza de las armas–, asegurando así su propio porvenir democrático. Como buenos herederos del comunismo, hicieron suya la fórmula "si el enemigo no se rinde...". Y tres meses más tarde, Gaidar* y Kozirev* buscaron abiertamente la alianza con los comunistas al proponer su incorporación a la "liga antifascista". Poco después se presentó en público un pacto "cívico" (que sólo concernía a la oligarquía (la "nomenklatura"), un pacto cuyos tentáculos penetraron en los rincones más recónditos de los ministerios y así tuvo consecuencias importantes.

A partir de entonces no quedaba nada del Soviet Supremo cuyo primer presidente había sido el mismo que gobernaba ahora a Rusia y había resultado electo en dos ocasiones bajo la misma Constitución. Ésta estaba derogada, lo mismo que el juramento que se le había prestado, pero, extrañamente, el mandato presidencial seguía en vigencia. Estas peculiaridades jurídicas no servían para generar confianza en la nueva Constitución, que por otra parte no había sido sometida al voto popular y de la cual algunos artículos habían sido modificados en medio de la confusión general. Inmediatamente después, el 53% de los electores (según las cifras oficiales, ya que otras fuentes dicen que fue apenas el 47%) concurrió a las urnas y el 58% de éstos ratificó la nueva Constitución: es decir, el 31%, menos de un tercio del electorado. (Lo cual no inviste de gran legitimidad a nuestro Tribunal Constitucional, una institución torpe copiada de países con gran cultura jurídica; dado el carácter rudimentario de nuestro derecho, hubiera bastado la Corte Suprema.) Esta Constitución republicana otorga al presidente poderes amplios, mayores de los que poseían muchos monarcas de antaño o jefes de Estado actuales. Es así como muchas decisiones que comprometen el destino del país maduran a la sombra, sin ser objeto de explicaciones ni discusiones, y se las impone sin apelación posible.

Se denunciaron muchas irregularidades en las elecciones a la Duma de 1993. Por otra parte, el hecho mismo de otorgar la mitad de los escaños a los partidos (un salvavidas artificial para el "pluripartidismo" tan deseado) significó una violación de los derechos de los candidatos. Pero en cada ocasión el sistema sancionó a quienes lo habían instaurado: en 1993, con el gran triunfo de Zhirinovski; en 1995, con el de los comunistas. Estas elecciones demostraron la desesperación de los electores, la exasperación de un pueblo humillado, desposeído, impotente para corregir el rumbo de su destino.

III. Reformas para destruir

Es CORRECTO situar el comienzo de las reformas económicas del nuevo régimen en el período de Gorbachov. Entonces la deuda externa aumentó de 20.000 a 80.000 millones de dólares. (Cabe señalar que pocos años más tarde esa cuadruplicación de la deuda externa parecería cosa de niños.) Es igualmente correcto atribuir a las primeras reformas la desorganización total del sistema económico nacional, la destrucción definitiva de toda una trama de intercambios e interdependencias, que no fue sustituida por ninguna otra. Fue, simplemente, una destrucción. (Sin embargo, entre nosotros se dice: *¡Cállate, no sabes nada!*) Se anunció un "mercado socialista" inverosímil; la creación de seudocooperativas adjuntas a las empresas del Estado y que vivían a sus costillas. Y la *única* medida –por otra parte, muy modesta– que apuntaba a suprimir las trabas puestas por el comunismo a la pequeña empresa (incluso en el campo, donde era tan necesaria) fue derogada en 1987 con el pretexto de que generaba "ingresos no laborales".

Gorbachov jamás se mostró demasiado seguro en sus gestos; después de él, las empresas cayeron en manos más firmes.

Jamás compararía a Gaidar con Lenin: es cuestión de estaturas. Pero tienen una cosa en común: ambos se condujeron como un fanático obnubilado por una idea fija que empuña su bisturí sin la menor vacilación y se dedica a cortar y volver a cortar el cuerpo de Rusia. Seis años después, la expresión de complacencia burlona que se advierte en el rostro de este político no revela una sombra de turbación, a pesar de que hundió en la miseria a decenas de millones de sus compatriotas al arrasar con los ahorros y reducir a la nada los cimientos de esa dichosa "clase media" que había jurado crear. Seis años después, aún se habla de crear una "clase media", cuando para ello hacía falta alentar la pequeña empresa, no la aparición de magnates financieros con sus apetitos insaciables.

La propiedad privada es el medio justo y natural para favorecer la actividad humana, ya que desarrolla el gusto por el trabajo y el interés por lo que se hace, pero debe estar acompañada por una legislación muy estricta. Es criminal un gobierno que, ante la ausencia de toda ley, deja librada la riqueza nacional al pillaje y a sus ciudadanos en las garras de los depredadores.

En la confusión y la prisa, zarandearon la economía rusa hasta romperla en pedazos. Se dijo que este desbarajuste era *la* reforma tan esperada, una reforma de fundamentos teóricos sumamente vagos, por no hablar de un programa elaborado y coherente; además, como se supo más adelante, no existía programa alguno. ("Todo lo decidíamos sobre la marcha; no teníamos tiempo para ponderar nuestras decisiones.") Se reconoció que se trataba de una "terapia de *shock*" (expresión que se tomó de los teóricos de la economía occidental sin hacer demasiadas preguntas). No obstante, la víspera de su aplicación (29 de diciembre de 1991), el presidente formuló un compromiso público: "Será duro, pero no será largo. Cosa de seis a ocho meses". (Los vaticinios de Gaidar eran aun más optimistas: en tres meses bajarían los precios. ¿Pero *cómo* llegó a la conclusión de que los precios bajarían por el solo hecho de liberarlos de los *monopolios* de la producción, si no existía competencia?) Llegó a prometer que "se acostaría sobre los rieles" si fracasaba la reforma.

Bajo el efecto de los *electroshocks* incesantes, imposibilitado de reaccionar, el pueblo fue abatido por esta estafa sin precedentes. De otro modo no se explica (salvo que se falsificaran los resultados del referéndum) que en marzo de 1993 aprobara las "reformas" que lo hundían en la miseria. (O acaso esto revela, desgraciadamente, nuestro desconcierto e inconciencia.) Desde luego, la súbita confrontación de un pueblo apenas salido del comunismo con la dinámica de la economía de mercado era inevitable y no dejaría de provocar un *shock*, ¿pero era necesario llegar al punto de la electrocución?

Ahora bien, la multiplicación de las tasas de inflación por cien y por mil no fue sino el comienzo de los infortunios. El pueblo recibió con alborozo el anuncio del reparto equitativo de la riqueza nacional entre todos los ciudadanos mediante la entrega a cada uno de unos títulos conocidos con el nombre algo bárbaro de *vouchers*. Provisto de estos documentos, cada cual podía adquirir, si lo deseaba, dos automóviles de lujo o bien asegurarse una renta vitalicia. La confusión se apoderó de los espíritus: millones de ingenuos se dejaron engañar; otros, aun más numerosos, se devanaron los sesos para descubrir cómo usar esos *vouchers*. En realidad, no había manera de hacerlo; los infortunados que colocaron sus títulos en algún "fondo" o empresa descubrieron que habían invertido en un medio de producción obsoleto que no rendía el menor beneficio. En cuanto a los nuevos propietarios, saqueadores ávidos, carentes de la menor experiencia en la gestión de empresa y a quienes ésta les importaba un bledo, no sólo no hicieron la menor inversión productiva sino que la succionaron hasta la médula para abandonarla inmediatamente después. Unos pocos especuladores astutos que disponían de un pequeño capital inicial compraron grandes cantidades de *vouchers* a los pequeños portadores desamparados, para adquirir inmediatamente parte de los bienes nacionales que codiciaban.

Nuevamente, fue apenas el comienzo de las calamidades. En efecto, como es fácil adivinar, el valor total de las obligaciones emitidas representaba una ínfima parte de la riqueza de un país como Rusia: el "reparto" anunciado al pueblo afectaba a menos del *uno por ciento* de esa riqueza. A mediados de 1994, el muy influyente viceprimer ministro Anatoli Chubais*, deseando hacer un alarde de "voluntad de acero" ante un pueblo que en el pasado se había habituado a ella, anunció oficialmente la "segunda etapa de la privatización", que consistía en entregar los bienes del Estado a un *pequeño grupo* de financistas (intención declarada con toda franqueza por sus colaboradores). Además, la consigna era que la privatización se debía realizar *de una sola vez*, casi *en el acto*, sorprendiendo a todo el mundo. Chubais declaró con orgullo a la televisión: "¡El mundo jamás vio una privatización realizada con semejante rapidez!" (Sin duda, el mundo jamás había visto una torpeza tan criminal. *Quien anda de prisa es el que tropieza*.) Se llevó a cabo la privatización en todo el país con la misma demencia ciega, la misma precipitación destructiva que la nacionalización de 1917-1918 y la colectivización de 1930. Sólo que esta vez se invirtió el signo del proceso.

¿Creían las autoridades en la falsa teoría de que una vez distribuida la propiedad entre manos privadas la competencia aparecería por sí misma, de la nada, y la producción aumentaría por el simple hecho de que las empresas habían cambiado de propietarios? Gaidar y Chubais realizaron sus reformas en el marco de concepciones marxistas:

basta entregar los medios de producción a los particulares para que aparezca el capitalismo y empiece a funcionar bien.

Pues bien, en el verano de 1994 comenzó la "segunda etapa" y en pocos meses se procedió a la distribución gratuita de los bienes del Estado en beneficio de unos cuantos intrigantes cuidadosamente escogidos. De vez en cuando la prensa se hacía eco de este pillaje increíble de la riqueza nacional entregada a los depredadores. En cuanto al pueblo, aunque desconoce los secretos de los intríngulis financieros, adivinó certeramente de lo que se trataba y dio al proceso el mote de "usurpación".*

Muchos complejos industriales soviéticos eran tan gigantescos que parecía inconcebible entregarlos a un solo propietario. Pues bien, se encontró la solución: el equipo de Chubais los dividió, antes de proceder a su reparto, en veinte o treinta sectores, con la consiguiente ruptura de los ciclos tecnológicos unificados y la parálisis de cada componente, aislado a partir de entonces. (Algunas industrias militares sufrieron la misma suerte: paralizados por el desmantelamiento, sus componentes se unieron a firmas extranjeras, muy interesadas en ellos, por medio de *joint ventures*. Convendría pensar en las consecuencias que esto tendrá para la defensa nacional.)

Con todo, el proceso no se desenvolvió sin tropiezos. Un grano de arena caprichoso que se introdujo entre los engranajes echó una luz aun más cruda sobre la privatización: fue, en noviembre de 1994, el nombramiento inesperado del gobernador de Amur, Vladimir Polevanov –un geólogo con larga experiencia en Kolima– para presidir el comité encargado de la administración de los bienes del Estado. Éste tuvo acceso a los documentos que revelaban los mecanismos por medio de los cuales se habían consumido tantas riquezas durante los meses anteriores. Hombre concienzudo y honrado, el 18 de enero de 1995 Vladimir Polevanov elevó al jefe de gobierno un informe en el que denunciaba las malversaciones que se estaban cometiendo. Posteriormente se publicó el informe.[1] El trabajo repleto de datos y cifras revela la magnitud de las malversaciones y cómo se realizó el desguace de la economía nacional. Algunos ejemplos: una so-

---

* La palabra en el original ruso es *prijvatizatsia*, término que une, en son de burla, "privatización" y "usurpación". (N. de los T.)

[1] V. Polevanov, *Tejnologuia velikovo obmana* [*Tecnología de un gran engaño*], Moscú, 1995, pp. 8-17.

la persona recibe el 51% de las acciones del complejo Uralmach mientras otra compra 210 millones de acciones de Gazprom a 10 rublos devaluados por acción, es decir, por nada; la gigantesca fábrica automotriz Lijachev fue vendida a un precio 250 veces inferior a su valor (4 millones de dólares en lugar de 1.000 millones); la fábrica de aluminio de Krasnoiarsk fue vendida a los hermanos Chorny a un precio 300 veces menor que su valor. ¿Qué consecuencias tuvo ese informe explosivo? *Tres días después*, el 21 de enero de 1995, Polevanov fue despedido para "no obstaculizar las reformas de Chubais".

Por cierto que un año y un día después (22 de enero de 1996) oímos al presidente decir que, como consecuencia de la privatización chubaisiana, "se había liquidado todo lo que se podía, a precios arbitrarios, y el Estado no recibió nada". Y es igualmente cierto que lo dijo una sola vez, al pasar, y no volvió a mencionar el asunto. Ni siquiera se intentó investigar la escandalosa privatización, lo que en los hechos equivale a aprobar el despojo en gran escala de la riqueza nacional. Y nuestros gobernantes jamás se hicieron la siguiente pregunta: *¿cómo obtuvieron esos ex ciudadanos soviéticos los miles de millones de rublos, los millones de dólares?* Sin embargo, la respuesta es sencilla: por medio de generosas licencias para exportar, otorgadas por el gobierno a cambio de sobornos, se compraban productos nacionales sin limitaciones, a precios obsoletos y en rublos devaluados, y se los enviaba al exterior para ganar millones en divisas. (Muchos ex partidócratas comunistas aprovecharon la oportunidad para convertirse en empresarios criminales y hacerse de una gran fortuna. Antes, disponían del dinero público en forma limitada; en lo sucesivo, podían hacer lo que se les diera la gana.)

Desde luego que era necesario poner fin a la Babilonia comunista. Pero podíamos elegir entre diversas vías, y la elegida fue la peor, ya que generaba la perversión y el mal.

También he oído más de una vez la siguiente explicación, tanto más convincente por cuanto proviene de los testimonios de personas que conocen el caso muy de cerca: las consecuencias nefastas de lo que se ha dado en llamar las "reformas de mercado" no se debieron en absoluto a una ineptitud inconcebible sino a un plan sistemático destinado a enriquecer a unos pocos. La caída vertiginosa del rublo (ningún país del mundo conoció una devaluación tan prolongada de su moneda) tenía por objeto permitir la compra de los bienes del Estado por un mínimo de dólares y eximir al gobierno de reembolsar el ahorro. Se arruinó la agricultura nacional para permitir que los importadores de productos alimenticios ganaran fortunas. ¿Por qué se demoró la aprobación de medidas legislativas indispensables? Para que el vacío jurídico facilitara el pillaje generalizado. La privatización se consumó a una velocidad alucinante para permitir la aparición de una casta de partidarios del nuevo régimen. La abolición del monopolio estatal de las bebidas alcohólicas, tan dañina en el plano fiscal como en el sanitario (al crear la posibilidad de producir alcoholes adulterados), no tuvo otro objeto que el de embrutecer a las masas populares y volverlas indiferentes a lo que sucedía.

Todo el pillaje fue perpetrado en las sombras –el pueblo aún no se daba cuenta de nada– y vivido como algo irremediable. El pueblo no pudo medir la magnitud del saqueo del país (miles de millones de dólares huyeron al exterior), no tenía acceso a los datos ni a las cifras; no podía saber por qué la producción nacional, puesta en manos de irresponsables, había caído a la *mitad* (durante la Segunda Guerra Mundial se había reducido en un cuarto); por qué desde 1990 no se creaba una sola empresa industrial importante en Rusia. Absorta en las penurias cotidianas de una vida difícil, la gente no comprendía la irreversibilidad de los delitos perpretados en el país. Pero bastó que algunas voces se alzaran tímidamente para pedir que se investigara la privatización para que los nuevos ricos (o, mejor dicho, sus plumíferos), que no habían vacilado en ensuciarse las manos amasando fortunas colosales, lanzaran a coro su ultimátum: si se pone en tela de juicio la privatización, *¡habrá guerra civil!* Sin resistencia, sin guerra civil, se había expoliado a una población indefensa, ¡pero cuando se habló de restablecer la justicia, inmediatamente se blandió el espectro de la guerra civil! "¡No devolveremos lo que detentamos!"

Tal fue la posición del "joven capital ruso". Se había constituido gracias a un proceso tan sorprendente como inexplicable: el Estado creó artificialmente bancos comerciales para "otorgar" créditos también artificiales en un contexto de inflación galopante; luego el mismo Estado tomó prestado de esos bancos, y a una tasa muy elevada, el dinero que acababa de darles, empobreciéndose a sí mismo día a día. ¡Un Estado suicida! Además esos bancos comerciales se beneficiaron al hacerse cargo del pago de los salarios: retrasando infinitamente ese pago, utilizaron esos fondos para sus especulaciones ilícitas.

Por consiguiente, no sorprende que semejante piratería haya vaciado las arcas del Estado, el cual a partir de ahora y por muchos años se verá imposibilitado de pagar salarios y jubilaciones. El pueblo, con su gran paciencia, ha soportado privaciones, ha sacrificado a niños famélicos en el altar del "joven capital ruso". Los altos dirigentes no se cansan de alabar al pueblo ruso, que "justificó la confianza depositada en él" puesto que no hubo explosión social. (Es verdad, se diría que la "revuelta insensata, implacable" pertenece a nuestro pasado. Es difícil imaginar un pueblo más anémico que el nuestro.)

Y tras el balance económico catastrófico de cada año se nos asegura que el próximo será sin duda el de la "estabilización" y el "viraje en la dirección correcta". Sin embargo, cada medida nueva del gobierno, lejos de sacarnos del pantano, nos hunde más en él. Se multiplican los accidentes graves, con muchas víctimas, en los lugares de trabajo y en todas partes; es el resultado del deterioro total de las estructuras administrativas junto con las económicas. Antes de salir a trabajar, uno se despide de la familia porque nunca se sabe. Y desde la cima, desde el trono, nos llega el mensaje lleno de compasión: "Qué quieren que se haga, si son catástrofes *naturales*...".

La realidad es que entre quienes ejercen el poder no hay nadie que sepa cómo sacar al país del marasmo.

Una pregunta, al pasar: ¿pero es que realmente quieren hacer algo?

Una observación adicional: con cuánta despreocupación, con cuánta indiferencia y serenidad asistieron nuestros dirigentes a la vertiginosa caída del rublo (signo evidente del desamparo y la impotencia rusos), sin ver en ello un hecho significativo ni amenazador: en suma, un hecho cuasi anecdótico. Ni que decir que ninguno pensó un solo instante en la manera de *recuperar* el tipo de cambio anterior del rublo con respecto al dólar, lo cual hubiera dado pruebas de restauración de la economía. Pues bien, se halló una solución –también puramente anecdótica– al problema: ¡basta borrar tres ceros y asunto resuelto! Y si el rublo, bajo su nueva forma, sigue hundiéndose, nuestro próximo presidente tendrá la oportunidad de velar por nuestra felicidad al suprimir dos o tres ceros más.

IV. Rusia desconcertada... y Occidente

EL ENTUSIASMO INTERNACIONALISTA que hizo presa del Moscú intelectual desde fines de la década de 1980 no tenía nada que envidiar al de los primeros bolcheviques. Liberales y radicales demócratas rusos creyeron que, en lo sucesivo y para siempre, se iniciaba una era de bienestar para todo el planeta: todos los pueblos, todos los políticos, inspirados exclusivamente por *valores universales*, avanzaríamos juntos y tomados de las manos al servicio de la noble causa. De ahí se desprende que cualquier política exterior apenas firme por parte de Rusia es propia del imperialismo o la insensatez y que un gobierno ruso fuerte no puede ser sino despótico. Así, la fama de generoso de la que goza con razón el pueblo norteamericano se extendió sin ella al gobierno de Washington, egoísta y calculador como cualquier gobierno, que luego de la caída de su rival soviético, se sintió arrastrado por sus aspiraciones hegemónicas a controlar el planeta en su totalidad.

Este entusiasmo internacionalista, este "pensamiento nuevo", no dejó de afectar la orientación de la política de Gorbachov y su equipo. Obligados a otorgar la libertad a los países de Europa Oriental, Gorbachov –alentado por el coro de alabanzas que le dirigía Occidente– y Shevarnadze* –dirigente local de la KGB convertido en diplomático de alto vuelo– no consideraron necesario sancionar mediante un acuerdo escrito las seguridades que sus socios occidentales les habían brindado de palabra. (Según el testimonio de Y. Primakov*, tanto Mitterrand como Major* y Baker* esperaban con tanta impaciencia el retiro de las tropas soviéticas, que prometieron a coro a Gorbachov-Shevarnadze-Iazov* que la OTAN no se extendería un centímetro hacia el Este ni aceptaría en su seno a los países del Pacto de Varsovia.[1] Gorbachov no se atrevió a pedir un compromiso escrito. Asimismo, se obsequió a Estados Unidos la "segunda Alaska": en 1990, Gorbachov-Shevarnadze cometieron la estupidez de entregar

[1] *Obchaia Gazeta* [*Gaceta General*], 19 de setiembre de 1996, p. 4.

40 mil km^2 del Mar de Behring, una zona de la plataforma continental rica en pesca, petróleo y gas.[2]

Esta política de capitulación por "bondad de espíritu" continuó durante cinco años. En 1993, en Varsovia, impulsado por su generosidad, Ieltsin "entregó" Polonia a la OTAN. El mismo año, en Malasia, Kozirev declaró que la aviación rusa estaba dispuesta a transportar a la Bosnia en guerra las tropas de la alianza musulmana. Ese mismo prurito de "apertura al mundo" llevó a Rusia, en plena reconstrucción, a apoyar a Estados Unidos cuando pidió a la ONU que aprobara sus operaciones militares y luego, cuando nuestro propio ejército estaba exangüe, a enviar un destacamento de soldados a la "fuerza de intervención" en Bosnia, operativo costoso, dirigido contra poblaciones eslavas y contrario a nuestros intereses.

La Nueva Rusia ayudó a realizar este viraje histórico de la conciencia universal en virtud del cual, en lo sucesivo, la intervención militar de una gran potencia en cualquier lugar del globo ya no es calificada de "agresión" sino de "esfuerzo a favor de la recuperación de la paz".

Cabe pensar que esta terminología acabará por imponerse en el siglo XXI, y es muy posible que Rusia conozca sus efectos próximamente bajo la forma, digamos, de una "acción por la paz" en nuestro país y el resto del planeta que nos obligue a renunciar a nuestra fuerza nuclear; los norteamericanos ya han formulado advertencias en ese sentido. Y al igual que la operación "Tormenta del desierto", esto se hará con la "aprobación de la comunidad internacional"; también podrían tratar de lograrlo mediante la partición de Rusia, como se disponía a hacerlo la Entente, sin la menor vergüenza, en la época de nuestra guerra civil.

A medida que Rusia se debilita y se hunde en el caos, el Occidente civilizado oculta cada vez menos sus intenciones con respecto a nosotros. Enemigos jurados de Rusia como Kissinger y Bzhezinski* lo han dicho con la mayor franqueza: "Rusia no tiene lugar" en el mapa del mundo. Hace ochenta años, en plena Revolución de febrero, Alexandr Blok apuntaba con angustia en su diario íntimo: "¿Y si Rusia fuera reducida a polvo? ¿O si se convirtiera en 'sierva' de Estados más poderosos que ella?" Los sucesos de *hoy* prestan verosimilitud a estos temores.

[2] *Izvestia* [*Noticias*], 30 de agosto de 1997, p. 1.

Que el gobierno norteamericano haya deseado durante decenios la derrota y el derrumbe de la Unión Soviética es normal. Pero pocos rusos conocen la ley PL 86-90 sancionada en 1959 por el Congreso norteamericano: cada año llegaba hasta nuestros oídos a través de la interferencia de las radios extranjeras, bajo la forma de una prometedora "semana de las naciones oprimidas". Aparentemente nos prometían liberarnos del yugo comunista. ¿A todos? No, de ninguna manera: los rusos no aparecían en la lista de naciones oprimidas incluidas en la ley. Por el contrario, ¡ésta definía claramente como opresor (incluso de China y Tíbet) no al comunismo internacional, sino a Rusia y los rusos! En consonancia con las declaraciones antirrusas de Kissinger-Bzhezinski y compañía, la ley declara a Estados Unidos enemigo no del comunismo sino de Rusia. (La ley aún sigue en vigencia puesto que el Congreso no la ha derogado. ¿Se trata de un malentendido? No lo parece: en 1997, Estados Unidos organizó una "semana de las naciones oprimidas por Rusia". Y esto, lejos de ser el resultado de un error, parece un programa para el futuro.)

Durante largos años la emisora Radio Liberty tomó parte activa en la campaña antirrusa: moderada frente al comunismo, dirigía sus dardos contra las tradiciones rusas, su religión y su cultura. (En varias ocasiones me sentí en la obligación de conversar sobre ello y enviar cartas a los presidentes Reagan y Bush.) Se diría que el propósito de la radio era servir a las necesidades de la guerra fría; pero cuando llegó el momento de los abrazos entre norteamericanos y rusos, el gobierno de Estados Unidos de ninguna manera renunció a ella y aún hoy gasta millones para sostenerla: por consiguiente, es necesaria. Ninguna radio rusa dispone de medios semejantes: emite durante las 24 horas, bajo instrucciones del extranjero, "en todas las frecuencias y todas las ondas". En estos últimos años, como anteriormente, Radio Liberty no se limita a dar informaciones sino que las interpreta de manera tendenciosa, les da una coloración ideológica conforme con las instrucciones recibidas del Consejo de la Radio, institución adjunta al Congreso de Estados Unidos. Tras el derrumbe de la URSS, Radio Liberty se inmiscuyó en nuestras campañas electorales, indicando a qué diputado votar y aconsejando a los bloques de lo que aún era el Soviet Supremo sobre la táctica a adoptar: participar en las votaciones o negar quórum. En determinado momento recibió la orden de oponerse a Ieltsin: se dedicó a abuchearlo, a mofarse de él; luego vino la orden de apoyar a Ieltsin e inmediatamente se abocó a esa tarea. La crónica de sus actividades abunda en ejemplos similares. Durante los años de guerra en Chechenia se transformó abiertamente en una suerte de radio chechena, que no disimulaba su hostilidad hacia Rusia: casi la mitad del boletín informativo estaba dedicado a la difusión de las tesis y propaganda chechenas (y lo hacía varias veces por día).

Y en estos últimos años, ¿quién no ha presenciado la injerencia desembozada de Estados Unidos en nuestros asuntos? ¿Quién puede olvidar la declaración del presidente Bush, *antes* del referéndum (1991), a favor de la independencia de Ucrania? ¿Cómo no recordar que entre las primeras voces que se elevaron para proclamar que "Sebastopol pertenece a Ucrania" se oyó la del embajador norteamericano en Kiev y luego, más de una vez, hasta lo intolerable, la del Departamento de Estado? En la medida que puede, Estados Unidos apoya las posiciones antirrusas en Ucrania. ¿Cómo evitar la comparación entre la gran comprensión demostrada por Estados Unidos a Ucrania (y aun más grande a las repúblicas del Asia Central, a las que perdonó tanto la represión de sus disidentes como el fraude electoral) y su severidad implacable para con Bielorrusia, su encarnizada oposición al menor intento de formar una unión con Rusia? La razón es sencilla: Bielorrusia está a punto de frustrar un plan bien concertado, al minar el proyecto de una "Unión del Báltico al Mar Negro" –de Estonia a Crimea–, dicho de otra manera, un "cordón sanitario" antirruso. Otra clarísima demostración de la estrategia del "cerco" aplicada por Estados Unidos: en plenas negociaciones en la ONU –el cálido acercamiento militar a Ucrania en agosto de 1997–, las maniobras de la flota norteamericana en el Mar Negro cerca de las costas de Crimea (con la participación de marinos turcos; maniobras de alcance más simbólico que práctico, para poner de relieve la humillación de Rusia; ¿por qué no llegaron hasta el Mar de Azov, cuyas riberas también son "ucranianas"?). Y los viajes repetidos del secretario general de la ONU a Transcaucasia y Asia Central para crear la cooperación militar entre los países de la Organización del *Atlántico Norte* y los del *Asia Central*, ¿ no revelan acaso una advertencia?

Turquía fue la que sacó mejor partido de la nueva situación, al penetrar activamente en el Cáucaso y parcialmente en Asia Central;

ahora adopta una actitud sin precedentes con respecto al Bósforo y los Dardanelos, burlándose de acuerdos internacionales vigentes.

Difícilmente podría atribuirse la extensión de la OTAN hacia el Este (el problema no es el conjunto formado por la República Checa, Hungría y Polonia sino la expansión hacia las repúblicas del Báltico, Ucrania, Bielorrusia y el Mar Negro) a la mera inercia intelectual de los Estados Mayores occidentales al cabo de tantos años de una guerra fría que de alguna manera no fue "librada hasta el fin". Pero es imposible sostener que eran incapaces de medir la debilidad que aquejará a Rusia durante muchos, muchísimos años, por todo el futuro previsible. Y en ese caso, ¿a qué se deberá si no a un plan concertado para presionar a Rusia? El desembolso de 35 mil millones de dólares para extender la OTAN a sólo tres países no obedece a la esperanza de contar con aliados del Este europeo en las difíciles confrontaciones futuras entre el "Norte" y el "Sur": éstos estarán dispuestos a todo menos a inmiscuirse en *aquellos conflictos*, en los cuales no serán útiles. (En cambio, tal vez Estados Unidos llegue a lamentar amargamente los esfuerzos empeñados para constituir un bastión sólido del islam en Bosnia, en el corazón de Europa.)

¿Y nosotros? Al recibir a su colega norteamericano, nuestro presidente, en su infinita grandeza de espíritu, levantó la copa "a la revolución que Rusia y Estados Unidos realizarán juntos" (14-01-94). ¿Juntos? ¿Significa eso que en lo sucesivo estamos obligados a no distinguir entre nuestros intereses y los norteamericanos?

Ahora bien, aun si se reconoce que ambos países son igualmente democráticos, esto no significa que deban confundirse en todos los terrenos. De Gaulle, presidente de un país no menos democrático que Estados Unidos y aliado leal de éste, jamás admitió que su posición de liderazgo lo autorizara a imponer su ley y siempre veló celosamente por los intereses de Francia. Cada país tiene sus propios intereses nacionales, cuya defensa, incluso en el seno de una alianza, no tiene nada que ver con el chovinismo.

Rusia sufrió tres veces la humillación de ver negado su ingreso al Consejo de Europa y, doblando la cerviz, planteó su candidatura por cuarta vez. ¿Quién dirá que esa humillación se vio compensada por el presunto honor de haber sido admitida en el Grupo de los Siete? Hay que ser muy ingenuo para creer que Rusia, económicamente exangüe, puede ser un miembro influyente de la corporación que agrupa a los atletas de la economía mundial. Nuestra firma sólo sirve para avalar sus decisiones, aunque sean contrarias a nuestros intereses.

En nuestra época la política está totalmente determinada por la economía, incluso se confunde con ella. No entraré aquí en asuntos económicos. Pero suceden cosas tan asombrosas que no pueden sino resultar evidentes, incluso para el hombre de la calle, el lego en la materia. Está claro que Occidente necesita que Rusia permanezca en el atraso tecnológico. Nos sometemos servilmente al programa del FMI: ¿falta de reflexión o sumisión deliberada a los intereses extranjeros? Por ejemplo, cómo se justifica o explica la supresión –exigida por el FMI– de los impuestos sobre la exportación de nuestro petróleo y gas (dejamos que nos quiten recursos irremplazables de nuestro subsuelo, lo que compromete nuestro futuro y el de nuestros descendientes); a cambio de ese lucro cesante colosal esperamos que el FMI tenga a bien darnos unos centavos de limosna... que no es limosna sino préstamos a interés. ¿Existe en el mundo otro gobierno que administre así los bienes de su país? Desde hace años el nuestro sacrifica nuestra economía a los dictados opresores, incluso destructivos del FMI, mientras nuestros dirigentes le expresan su reconocimiento por haber "permitido a Rusia evitar las dificultades". Es increíble: al malvender nuestras riquezas no aumentamos el ingreso nacional sino la deuda externa. Rusia ha caído en la trampa del endeudamiento.

La globalización de la economía significa que aquellos que entraron a la zaga están condenados a permanecer en el atraso, sin esperanzas de salir. Dentro de diez años estaremos en el mismo nivel que los países de África. Por lo demás, ya nos tratan como a aquéllos. Poco a poco los sectores clave de nuestra industria pasan a manos de empresas extranjeras, a veces de manera disimulada.

Con todo, a pesar de sus nuevas fronteras tronchadas, Rusia puede autoabastecerse económicamente. Nuestra carrera desenfrenada hacia los inversores extranjeros deriva de nuestra extrema decadencia moral, de nuestra desesperanza. (Las inversiones extranjeras son lícitas, e incluso útiles, siempre que la producción nacional goce de protección sólida y la ley fije rigurosamente las condiciones de exportación de capitales y productos semielaborados.) Al arrastrarnos al mundo de las finanzas internacionales, ahora que somos tan frágiles, nos introducen en crisis financieras que no nos conciernen y hubiéramos podido evitar.

En el plano económico nos hemos precipitado con ojos cerrados a adoptar el modelo occidental. A pura pérdida: son cosas que no se pueden copiar sin pasar por fases de transformación dolorosas, cuando lo cierto es que esos procesos se deben conducir de manera orgánica, en función de las tradiciones nacionales. Como dice un proverbio nuestro: *No es la buena salud de mi vecino la que me va a curar*. Por más que nos empeñemos, Rusia nunca saldrá adelante sólo por tomar un camino idéntico al de Occidente.

V. El fantasma de la CEI

¿Nuestros antepasados más desesperados hubieran podido prever un derrumbe tan catastrófico de Rusia? En pocos días de 1991, siglos de historia rusa perdieron sentido. En dos o tres días de agosto se borraron doscientos años de sacrificio (ocho guerras contra Turquía) para ganar una salida al Mar Negro.

El mundo nos mira atónito: ¿cómo un país tan vasto pudo bruscamente perder sus fuerzas morales y físicas y precipitarse a un proceso de autodestrucción sin haber sufrido una grave derrota militar, conmoción revolucionaria, guerra civil, hambruna generalizada, epidemia ni catástrofe natural? Lo que asombra al mundo sobre todas las cosas es la celeridad de esta caída, así como nuestra incapacidad para detenerla, hasta el punto de perder el instinto de supervivencia nacional.

Acaso la historia de la humanidad no conozca otro ejemplo de una etnia que haya adoptado conducta tan suicida.

Pero todo eso ocurrió y estamos obligados a reconocerlo. Y si queremos construir algo, deberemos hacerlo sobre estas ruinas.

A pesar de su poderío exterior, la URSS (inventada por Lenin hacia el final de su vida) en su interior no era un organismo político sano, incluso en lo que hace a las relaciones entre las nacionalidades. La "amistad eterna de los pueblos", como "la creación de una nación soviética unificada" no eran sino mitos. La política de nacionalidades colocada por Lenin en los cimientos del edificio de la URSS, lejos de sostener a ese Estado en pie hasta la eternidad, fue la que generó las fuerzas centrífugas. (La hipótesis de una dislocación de la URSS que llegara "hasta la separación" de sus componentes aparece ya en las primeras constituciones soviéticas.) Durante los años de posguerra, tanto en los campos de concentración soviéticos como en Kazajstán, a donde me deportaron posteriormente, fui testigo de la antipatía y desconfianza recíprocas que se profesaban las nacionalidades soviéticas a pesar de las pomposas declaraciones oficiales sobre su unidad. En esa época ya se advertían los gérmenes de una posible, mejor dicho, inevitable disgregación. Llevado por mi experiencia en los campos y la deportación, apenas tuve la posibilidad de expresarme abogué por otorgar "a todos los pueblos de la periferia de la URSS la libertad efectiva de decidir su destino".* Basándome en la misma experiencia, en 1990 dije que el estallido de la URSS era ineluctable.

Efectivamente, se produjo al año siguiente, con todo lo que tenía de inevitable, pero también, para desgracia de muchos millones de personas, con todo lo que se hubiera podido evitar. Falta de discernimiento, estrechez de miras de nuestros dirigentes: el proceso quedó librado a fuerzas incontrolables, desde la proclamación insensata de la "independencia" rusa (a instancias, dicho sea de paso, de la "Rusia democrática"), una independencia que significaba separarse de 25 millones de conciudadanos (¡y se hizo de ello una "fiesta nacional"!), hasta las "demostraciones de soberanía" organizadas casi mecánicamente en las repúblicas que, embriagadas por los atributos del poder, multiplicaban los gestos simbólicos (sin preocuparse por su capacidad económica para afrontar el porvenir, pero apropiándose al principio de una rica herencia industrial creada gracias a los esfuerzos de todo el país y, en primer lugar, de la República Rusa). Este desmembramiento anárquico condujo a la creación de fronteras artificiales ignorantes de las realidades étnicas, legado de los recortes administrativos realizados por Lenin, Stalin y Jruschov; fronteras que los países occidentales, siempre al acecho, colocaron inmediatamente bajo la garantía de los acuerdos de Helsinki. El gobierno ruso, indiferente y descarado, capituló sin la menor resistencia en agosto y diciembre de 1991, al dejar fuera de sus fronteras a una población casi tan numerosa como la que perdió toda la Unión Soviética durante la Segunda Guerra Mundial. Reaccionó con la misma indiferencia en el otoño de 1991 ante el referéndum ucraniano que definió tendenciosamente las relaciones entre Ucrania y Rusia, acaso por siglos. El desmembramiento de la URSS se consumó en Belovezh mediante un abuso de autoridad preparado en las sombras. Todo el proceso se desarrolló de prisa, irreflexivamente, de la peor manera.

El acuerdo de Belovezh era vago en su contenido y no ofrecía garantías precisas a Rusia. Por un lado, el presidente ucraniano, con la

---

* "Du repentir et de l'autolimitation" ["Sobre el arrepentimiento y la autolimitación"], en: *Des Voix...* [*Voces...*], ob. cit., París, Seuil, 1974. (N. del E.)

mirada puesta en el porvenir, se preocupaba sobre todo por saber cuáles serían los puntos que quedarían en suspenso, así como las garantías verbales que luego podría explotar en beneficio de Ucrania. Por el otro, el presidente ruso miraba hacia atrás, preocupado por aquello de lo cual debía desembarazarse (sobre todo del poder de Gorbachov) y a lo cual debía renunciar para siempre; nada en el acuerdo ni lo dicho a su respecto indica que se hubiera interesado, o siquiera *pensado*, en que entregaba a Ucrania varias regiones que por su población e historia pertenecían a Rusia, que abandonaba a 12 millones de rusos sin la menor garantía sobre su existencia –siquiera en el plano cultural– y sin protección jurídica. (Es verdad que esta concesión, hecha sin vacilación ni remordimiento, se remontaba a agosto de 1991.)

La gestación de la "Comunidad de Estados Independientes" (CEI) reveló la misma falta de responsabilidad con respecto a su futuro y funcionamiento. Los fundadores cometieron un error grosero al marginar a Nazarbaev* de las deliberaciones: de esa manera Kazajstán quedó en una situación ambigua y su presidente podía considerarse ofendido. Y nuevamente, ni la sombra de un pensamiento dedicado a los siete millones de rusos abandonados en esa república. Somos tan numerosos que no nos cuesta nada sacrificar algunos "trocitos".

En realidad, lo que sucedió fue que los líderes de casi todas las repúblicas (la política de "arraigo del aparato" aplicada durante los largos años del régimen soviético había dado lugar a la formación de elites partidarias que en realidad eran elites nacionales) declararon inmediatamente su intención de ingresar a la CEI. (Apenas proclamaron su independencia, la falta de un poder central unificador les hizo sentir que el suelo se abría bajo sus pies.) Se los recibió sin vacilaciones ni tiempo para reflexionar: significa que sobre los escombros de la Unión Soviética, en cuyo seno se habían contraído múltiples compromisos solidarios entre las repúblicas, que aún estaban vigentes, se abrió una suerte de gran paraguas sin que aquellos que se refugiaban debajo de él (salvo Rusia) tuvieran la menor obligación de nada. Era una operación vacía de contenido desde su inicio.

No, en ningún caso la reconstitución de la URSS serviría hoy a los intereses del pueblo ruso ni ayudaría a restablecerlo, porque sólo conduciría a sujetarlo a la marea en ascenso del mundo asiático. Las antiguas fronteras de la URSS están perdidas desde hoy para siempre y cualquier intento de restaurarlas ha de considerarse absolutamente vano. Más aun, sería perjudicial: formular esa clase de demandas o abordar el tema no tendría otra consecuencia que la de acrecentar en esos Estados que se han distanciado de nosotros la hostilidad hacia los rusos que hemos abandonado ahí, que hemos traicionado, exponiéndolos a nuevas persecuciones. En lo que respecta a nosotros, esa clase de consigna sólo sirve para ahogar nuestra conciencia nacional.

En 1991 se desperdició la oportunidad –si es que no era tarde ya– de orientarse hacia la única solución razonable: la unión sólida y solidaria de las tres repúblicas eslavas con Kazajstán en un Estado federado único (no en una "confederación", que es puro humo), una unión estrictamente limitada a esos cuatro países miembros. Con ello se hubiera podido evitar el desmembramiento del pueblo ruso, como el del ucraniano. (Se hubiera podido repatriar a las poblaciones rusas asentadas en otras repúblicas; era materialmente posible.) Y lo que sucede hoy en las reuniones amorfas de la CEI es que los dirigentes rusos no tienen el coraje de plantear claramente siquiera la cuestión de la garantía de permanencia en esos Estados para poblaciones arraigadas en ellos desde hace muchos años y que de la mañana a la noche se convirtieron en "extranjeras". Al mismo tiempo, dirigentes de la mayoría de las repúblicas secesionistas adoptaron inmediatamente una ideología nacionalista (que reduce a los rusos a ciudadanos de segunda categoría e incluso, como en Uzbekistán, los humilla de la manera más grosera). Por el contrario, el gobierno ruso se esfuerza por no *mancharse* mediante acciones a favor de los *rusos*, incluso evita usar la palabra "rusos", que reemplaza por la expresión "ciudadano de Rusia". Se evita, manifiestamente, asumir una pertenencia étnica que apoye a Rusia.

Tal vez en 1992-1993, cuando aún existían relaciones vivas entre las repúblicas, se hubiera podido visualizar la perspectiva de una unión: por ejemplo, en las repúblicas del Sur aún existía la conciencia de que la civilización moderna había sido introducida en ellas por Rusia (lo mismo que la ayuda económica –con el presupuesto de la RSFSR [República Socialista Federativa Soviética de Rusia] se pusieron al servicio de la industrialización de esos países ingentes cantidades de operarios rusos calificados–). Pero esa conciencia no resistió al espectáculo de una Rusia en proceso de autodestrucción de lo más estúpido, y todas esas repúblicas se apartaron de ella para volverse, sea hacia Occidente, sea hacia la opulencia del Oriente islámico. Ya en 1994 parecía que la CEI no estaba destinada a un futuro perdurable ni a una existencia verdadera: Rusia perdía sus posiciones, una después de otra, mientras el presidente pronunciaba, imperturbable, sus discursos sobre "nuestra estrategia unitaria de la CEI" y "las condiciones favorables para la integración de la CEI". ¿Quién si no los retardados mentales podían tomarlo en serio cuando decía en 1996 que "tal vez las repúblicas bálticas quieran unirse a nosotros"?

Pues bien, ¿en qué punto se encuentra la CEI al cabo de seis años de existencia?

Bajo la forma de regalos y subvenciones, "ventas a crédito" y aprovisionamiento de petróleo y gas a precios de tres a cinco veces inferiores a los del mercado mundial, Rusia tomó sobre sus hombros el fardo pesado de la financiación de la CEI (así como su administración). Se mencionan distintas cifras, pero todas del orden de decenas de millones de dólares; uno de nuestros efímeros ministros de Finanzas (Borís Fiódorov) dijo que Rusia dedicaba el 21% de su producto bruto interno a financiar la CEI. (A título comparativo, la ayuda humanitaria que presta Estados Unidos a otros países equivale a menos del 1% de su PBI.) Después de seis años, en la cumbre de Kishinev (octubre de 1997), se le reprochó a Rusia la "disminución del intercambio comercial" dentro de la CEI; el presidente Kuchma* dijo en varias ocasiones que, al negarse a otorgar tarifas preferenciales, Rusia lanzaba una "guerra comercial". (Como en el dicho: *Lo tuyo es mío y lo mío... también*.) Kuchma debería haberlo pensado antes de proclamar la "soberanía" nacional...

Al mismo tiempo, la nueva Rusia repite obstinadamente que es *responsable* de todo lo que sucede en la CEI, de la situación en todo el territorio de la ex URSS (¿"zona de influencia de Rusia"?). ¿Por cuál motivo? ¿Por qué debería serlo? Y cuando Georgia se negó escandalosamente a permitir el regreso a su tierra de los turcos de Mescit deportados por Stalin, estas casi cincuenta mil personas pudieron radicarse inmediatamente en plena Rusia Central. Si Ucrania permanece en la CEI –aunque en calidad de "miembro asociado" –, si Shevarnadze decidió integrarla después de mucho vacilar, lo hace por cálculo económico. (Adviértase que en Georgia y Azerbaidzhán existen fuertes corrientes antirrusas.) Y no se ve claramente dónde están los límites de esta "responsabilidad" rusa, tan pesada de llevar, tan perjudicial. Defendemos las fronteras de Tadzhikistán de la ferocidad afgana (los "países hermanos" de la CEI prometieron enviar "regimientos" de refuerzo, pero en el mejor de los casos algunos enviaron una compañía y Kazajstán apenas dos observadores). Pretendemos resolver todas las "querellas" que estallan en Transcaucasia. ¿Por qué nosotros? Protegemos las fronteras armenias de Turquía. ¡Nuevamente nosotros! *Está mejor quien vive lejos de su casa...*

Nuestro ejército se debilita día a día: ¿le corresponde proporcionar esas "fuerzas de paz" y a nosotros ocuparnos de esas vastas "garantías de seguridad" cuando la CEI es un mero simulacro, una fachada condenada a desaparecer? Les ofrecemos el sitio de honor en las fastuosas mesas redondas organizadas por la CEI, pero no es con ello que ganaremos la alianza de unos Estados que ya rompieron con nosotros tanto histórica como psicológicamente y sólo se demoran en abandonarla porque aún esperan obtener algunas ventajas económicas de Rusia. Cuando dejen de disfrutar de ellas, los dirigentes nacionalistas de esas repúblicas no cederán un ápice de su poder ni aceptarán una unión real con Rusia. Y la propuesta de formar una Unión Eurasiática formulada por Nazarbaev (29-03-94) viene acompañada de una pesada estructura burocrática supranacional cuya función sería no sólo amarrar a Rusia sino también amordazarla (mediante una "oficina de información unificada").

Se responderá que en caso contrario (si dejamos de proteger esas fronteras remotas), Rusia la pasará aun peor: recrudecerá el tráfico de drogas y armas, la piratería. Pero lo que sucedió en 1991, sucedió: *ya llegamos a lo peor*, es inútil cerrar los ojos; hay que tomar la medida de un peligro cuya magnitud muchos aún no advierten. Ya en 1991, Azerbaidzhán se convirtió en miembro de la "Conferencia Islámica". Casi todos los dirigentes de Asia Central miran hacia Turquía. En quince o treinta años, ¿cuáles serán sus reclamos territoriales hacia nosotros?

Aferrarse a la CEI sólo sirve para debilitar nuestro Estado, estorbar la creación de nuestras instituciones. Al persistir en su actitud distante (en realidad, en su mal disimulada hostilidad), los dirigentes ucranianos (uniéndose a Azerbaidzhán y Georgia con el mismo fin) impiden cualquier posibilidad de alianza de los tres países eslavos. Fuertes presiones, a las cuales cedemos, impiden la reunificación con Bielorrusia.

Hay que tener el coraje de reconocer esos reveses y, en lugar de construir la CEI, edificar un Estado ruso fuerte, porque en lo que respecta a éste todo está por hacerse y nada es seguro.

El único dominio en el cual la CEI conserva algún sentido para nosotros es el de las relaciones que deberemos mantener inevitablemente con el Oriente asiático.

VI. Rusia desamparada... y Oriente

Transcaucasia y Asia Central: es allí donde se produce el contacto más directo entre Rusia y Oriente.

¿Qué actitud han tenido nuestros gobernantes en este sentido desde la caída de la URSS? La misma que hacia Occidente: olvidar los intereses del Estado y, en nombre de grandes principios borrosos, seguir jugando al cuidadoso "hermano mayor" sin comprender que los tiempos habían cambiado. Al proclamar que Rusia es "garante de la coexistencia pacífica" entre los nuevos Estados, no hacen más que proporcionar argumentos a los que, desde siempre, la acusan de imperialista. Durante ese tiempo, para proteger Tadzhikistán, sacrificamos a nuestros soldados y oficiales, muertos año tras año en una guerra intestina confusa que no nos concierne (medio millar de muertos sólo en 1993), y el gobierno ruso, sin compadecerse de la sangre rusa derramada y de nuestro ejército debilitado, no tiene la inteligencia ni la dignidad suficientes para retirar nuestras tropas de allá. Todo esto estaría justificado si al mismo tiempo hiciéramos negociaciones para salvar a nuestros compatriotas en Tadzhikistán, pero eso es precisamente lo que no hacemos. La perpetuación de concepciones obsoletas en materia de defensa (deben ser revisadas totalmente) nos llevó a realizar acuerdos de asistencia militar con esos países (que representan un peso para nosotros y nada más). Tomemos el caso de Armenia: ¿cómo habremos de cumplir nuestros compromisos ahora que estamos separados de ese país por Georgia, cuya actitud hacia nosotros es hostil? En cuanto a Georgia, conservamos allí estaciones de radar –negándonos a reconocer que lo perdido, perdido está, y por lo tanto sin resolvernos a funcionar dentro de nuestras fronteras–, a cambio de lo cual estamos atados por obligaciones de reciprocidad.

Algún día deberemos tomar conciencia de que esos Estados nuevos no son "nosotros" ni "nuestros", que han declarado su propia soberanía nacional. En lo que respecta a nosotros, lo único que los distingue de todos los demás países del planeta es que hemos abandonado fría y estúpidamente en su interior a nuestros compatriotas, no defendemos sus derechos ni los repatriamos aunque ésta debería ser nuestra tarea principal, impuesta tanto por la moral como por la razón.

En los medios cultos de Rusia todavía hay partidarios del *eurasiatismo*, incluso se puede decir que su influencia se ha extendido. Según esta teoría, Rusia pertenece orgánicamente a Asia y debe construir su futuro en fraternidad y unidad con ella. Esta teoría se desarrolló entre los emigrados rusos en los años veinte de nuestro siglo, en reacción contra los valores occidentales (después de la guerra civil rusa, muchos emigrados experimentaron un fuerte rencor hacia Europa) y con la esperanza de encontrar un apoyo más firme, de hallar un hombre amistoso (de la misma manera que los partidarios de la "sustitución de hitos" e incluso algunos "eurasiáticos" buscaron el apoyo de los bolcheviques). Igual que entonces, hoy esto indica una aspiración decadente y una debilidad moral, con pérdida de valor y de confianza en las fuerzas del pueblo ruso; en otros casos, es la aspiración disimulada de reconstituir la URSS. Pero esto equivale a *renegar* de la especificidad cultural rusa y de nuestros mil años de historia; condena al pueblo ruso a la disminución demográfica y a la disolución en una mayoría musulmana en plena expansión. Si nuestra nación está en peligro de muerte, no está allí su salvación. Si logramos superar el trance, será porque hemos sabido seguir nuestra propia vía, por difícil que sea, arraigada en el pasado de nuestra nación, en su cultura y su fe ortodoxa. Si no lo logramos, caeremos.

No somos tan numerosos como nuestros grandes vecinos asiáticos China y la India, ni tan laboriosos e ingeniosos como Japón, sino que conformamos con ellos cuatro mundos diferentes, cuatro civilizaciones, y no debemos quedar al margen de tan honrosa compañía. Para ello conviene edificar las relaciones sobre cimientos de dignidad.

El problema de las Kuriles del Sur revela hasta qué punto nuestros dirigentes hacen gala de una estupidez tan imperdonable cuan obstinada. Después de abandonar sin titubeos una decena de vastas regiones desde Rusia hasta Ucrania y Kazajstán, desde fines de la década de 1980 cumplen la función de ejecutores de la voluntad norteamericana en la escena internacional. Con inflexibilidad y soberbia seudopatriótica sin igual, se niegan a devolver a Japón unas islas que jamás pertenecieron a Rusia y que ella jamás pretendió poseer antes de la revolución. (El capitán Golovnin a principios del siglo XIX y el almirante Putiatin en 1855 reconocieron como fronteras precisamente aquellas que reclama Japón. ¿Debemos recordar nuestras quejas contra Japón, desde la agresión de 1904 hasta la intervención durante la guerra civil? En ese caso recordemos también que la URSS atacó a Japón, rompiendo el acuerdo de "neutralidad" de 1941 que se había comprometido a respetar durante cinco años.) Se aferran a las islas como si el porvenir de Rusia dependiera de ellas. Japón carece de territorio, la recuperación de las islas es para ellos una cuestión muy sensible, de orgullo nacional y prestigio, que supera por mucho el problema de la riqueza ictícola de las aguas circundantes, sobre la cual se podrá encontrar una solución. En vísperas del siglo XXI, ahora que Rusia no tiene demasiados amigos al Oeste ni al Sur, y con posibilidad de verse aun más severamente cercada, ¿por qué rechazar la posibilidad de una relación de buena vecindad e incluso de cooperación?

En cuanto a China, es un organismo asombroso, un Estado milenario que ha sobrevivido tanto a muchos vecinos poderosos como a períodos de debilidad y descomposición interior. China es un océano humano cuya evolución futura es más difícil de prever que la de otros pueblos. Véase, si no, la rapidez de su éxito económico (gracias a empresas vinculadas con la *autogestión local* que nosotros tratamos con tanto desprecio). Se prevé que para el 2020 su producción interna bruta será la más elevada del mundo, superando de lejos la de Rusia; en cuanto a su población, ya es ocho veces mayor que la nuestra (en el futuro será diez o doce veces mayor). En esas condiciones, ¿cómo haremos para conservar Siberia –casi desierta, descuidada, abandonada, dramáticamente subpoblada– y, más aun, esas regiones del extremo Oriente que tratamos como si nos fueran odiosas, extranjeras, lo cual es directamente criminal? China no tendrá que hacer la guerra: será, como ya lo es, una "invasión pacífica", el ingreso –desde luego facilitado por la diplomacia de Gorbachov– de cientos de miles, de millones de chinos que ocupan nuestros territorios despoblados. China del Norte tiene 300 millones de habitantes, y nosotros, apenas 8 millones en toda Siberia. La densidad de nuestra población allí es de 2,5 habitantes por km^2 cuadrado; la de Japón es de 330.

Es imposible imaginar que nuestro planeta superpoblado deje por tiempo indeterminado que los espacios rusos permanezcan inexplotados.

¡Oh, si nuestra oligarquía dirigente, ahogada en sus intrigas, sus mezquinos ajustes de cuentas y su corrupción, pudiera algún día liberarse de eso y elevar los ojos hacia ese paraíso terrenal fabulosamente hermoso, cautivante y rico, caído por un desgraciado golpe de suerte –pero no para siempre– en sus manos criminales!

Es difícil saber si nuestro simulacro de amistad con los chinos resultará sólido y duradero. Bajo su forma actual, se reduce a nuestras contribuciones a su programa armamentista. Pero en poco tiempo podrán prescindir de nuestras armas: a partir de 1986, cuando se fundió nuestra industria militar, los gastos militares chinos aumentaron el 60%. Dicho de otra manera, en poco tiempo seremos marginados de ese mercado como bromistas sobrestimados en su reputación.

Y no cabe duda de que China saldrá adelante: su pasado milenario demuestra la fuerza moral de ese pueblo.

*

Pero para nosotros, el Oriente y Asia no se agotan en ellos. Existen autonomías locales dentro de Rusia; se necesita una política inteligente para concertar con ellas. (Volveré sobre esto más adelante.)

VII. Nuestro parlamentarismo

INVITADO EN OCTUBRE DE 1994 a hablar ante la Duma, aún perduraba en mí la impresión de un largo viaje a través de Siberia, el Norte de Rusia y luego el Sur, y resonaban en mis oídos las recomendaciones que había escuchado: "¡Vaya usted a la Duma y dígaselo! ¡Es necesario que lo sepan!" Por eso tomé esa invitación muy en serio, como si fuera a presentarme ante una institución importante. Hice una exposición sobre las cuatro Dumas Imperiales –era evidente que no tenían nada que hacer– y, lleno de esperanzas, los llamé la "Quinta Duma". Durante mi discurso, como lo demuestra el registro televisado, los diputados discutían entre sí, escribían en sus computadoras portátiles, bostezaban, dormitaban. (¿Querían hacerme quedar en ridículo? La verdad es que se ridiculizaban ellos mismos.)

Durante tres cuartos de hora hablé en el vacío, me referí al deterioro de nuestro pueblo y la necesidad de protegerlo, la indiferencia general hacia la vida política en la capital, la distancia entre el poder central y los males que padece la sociedad. Y el vacío fue aun mayor cuando dije que el sistema electoral actual impide que se expresen las fuerzas vivas de la nación, que para los partidos políticos el pueblo no representa sino material electoral.

Muchas veces he tenido la ocasión de denunciar los defectos de nuestro sistema electoral, tanto durante mis largos viajes a través de Rusia como en la televisión central (antes de que interrumpieran brutalmente mis emisiones): la fiebre electoral que empieza a sacudir el país un año o año y medio antes de los comicios; los políticos y diputados que si alguna vez manifiestan interés por los asuntos públicos, los olvidan totalmente durante ese período; el sufragio *directo* para elegir a las más altas autoridades en ausencia de una cultura política suficientemente desarrollada *no puede conducir* a la elección de auténticos representantes del pueblo, es un engaño. Más aun, en circunscripciones tan vastas, los electores no conocen a sus candidatos, *ni siquiera los nombres* de aquéllos por quienes votan, ya que el sistema partidista (es un principio profundamente vicioso otorgar las bancas, o siquiera la mitad de ellas, a los partidos) permite al comité central de cada agrupación distribuir los escaños. (*No te preocupes por nada, yo me hago cargo de todo*.) El mismo candidato declara su intención de obtener los votos, lo cual refleja un descaro chocante, contrario a las tradiciones rusas. Y la retórica hueca de las campañas electorales, la facilidad con que se promete todo, absolutamente todo (y hasta hace poco la masa crédula les otorgaba un poco de confianza...).

Este sistema expulsa de la competencia electoral a quienes dan pruebas de discreción, dignidad, moral, cultura, es decir, a los mejores: hay pocas personas de esta clase entre los parlamentarios (así como hay pocas personas altamente calificadas entre los profesionales). El sistema exige a los candidatos unas cualidades totalmente *diferentes* de las que necesitarán una vez elegidos: conocimiento de los asuntos públicos, experiencia, inteligencia, sentido de la responsabilidad; estamos condenados estructuralmente a no elegir a las personas que más necesitamos.

Más aun: la parcialidad de las comisiones electorales; la posibilidad de fraudes de todo tipo en ausencia de un verdadero control público; la función, dentro del espectáculo electoral, del dinero oculto, de los bancos que reemplazan la voluntad popular. (El último proyecto de ley electoral, en 1998, allana incluso más el camino del fraude.)

Por otra parte, evidentemente no se preocupan por la "voluntad popular", ya que se declara con todo cinismo que son válidos unos escrutinios que no incluyen sino el 25% del electorado: la opinión del 75% restante no tiene importancia.

Se habla de la indiferencia del pueblo. Pero si es así, significa que éste no está maduro para el parlamentarismo y es necesario encontrar formas de representatividad más adecuadas.

Súmese a todo eso que la investidura de diputado ofrece –aparte de la inmunidad total, incluso en casos criminales– un cúmulo de prebendas materiales. Nuestros parlamentarios se aseguraron de ello desde el principio de su trabajo legislativo. (Algunos diputados de Opción por Rusia* trataron de protestar contra los privilegios abusivos, pero renunciaron rápidamente a ello y adoptaron el punto de vista general.) Varios periódicos hablaron en distintos momentos sobre esas leyes y publicaron cifras relacionadas con las dietas parlamentarias. Sobre esto jamás hubo diferencias entre los bloques. En cambio, se produjeron fogosos enfrentamientos en torno del alojamiento de los funcionarios: los diputados del Soviet Supremo se negaron a entregar sus apartamentos (y obtuvieron fallos favorables), así como la "Quinta Duma" se negó a ceder su parque inmobiliario a la "Sexta": todos los representantes de los inmensos territorios rusos querían radicarse definitivamente en Moscú.

Uno siente vergüenza cuando recuerda que en la vieja Rusia los miembros de la Duma recibían dietas muy modestas y pagaban su propio alojamiento (no tenían derecho a alojamientos oficiales ni al transporte gratuito).

Dadas las circunstancias, ¿quién pensará que un poder legislativo que recibe tantos privilegios del poder ejecutivo será capaz de oponerse efectivamente a éste?

Una cosa más: la buena marcha de los debates se ve perturbada e impedida por la existencia y la acción de los *bloques*; muchos diputados han de recordar permanentemente que no deben su fructífera elección a los habitantes de tal o cual distrito sino a su *partido*, y cuando votan no lo hacen pensando en su vínculo indisoluble con el destino de esas personas sino conforme a las directivas partidarias (para eso se ha inventado la expresión "mandato imperativo"). La verdad es que más allá del enfrentamiento entre el partido de gobierno y la oposición, más allá de las divisiones entre bloques, los parlamentarios están unidos por un solo interés: la reelección para seguir gozando de una vida cómoda. Pasajeros de un mismo barco, los bloques se preocupan de no hacer movimientos demasiado bruscos por miedo a naufragar. Es difícil pensar en una "oposición mayoritaria" más prudente en ambas Cámaras, presididas por especialistas en el regateo.

Algunas veces nos divierten con pequeños escándalos (siempre hay algunos payasos de turno), altercados que llegan a las manos como en un espectáculo de feria; otras, bloques enteros abandonan ostensiblemente la sala: *¡Hay quien se divierte con ello, pero también quien se harta!* Mientras tanto, montañas de proyectos de leyes juntan moho: el pueblo sabrá esperar. El trabajo legislativo es raquítico y lerdo, se elaboran las leyes de prisa, en forma descuidada, y a veces se las aprueba tras una primera lectura. (En cambio, no se perderán un solo "encuentro interparlamentario" con todas sus ventajas adicionales. Ciertos diputados, que no son pocos, faltan a las tres cuartas partes de las sesiones: las cosas siguen su curso, la paga llega puntualmente, para qué preocuparse.)

¡Cuántos de ellos provienen de un medio espiritualmente petrificado! Y a cuántos de nosotros, después de haber visto una y otra vez sus entrevistas en los corredores, no nos ha impresionado esa suerte de rigidez mecánica de su aspecto y el tono de su voz. ¿Se debe a que están totalmente absortos en sus cálculos políticos y su carrera personal? ¿O bien a que son profundamente indiferentes a los sentimientos y necesidades de esas personas lejanas, invisibles, a ese *electorado* que sólo necesitan una vez cada cuatro años? Frases hechas, inexpresivas, sin alma. Uno jamás tiene la impresión de que los diputados se interesen *realmente* por el destino de aquellos que, en la otra punta de la cadena, se verán afectados por las consecuencias de estos métodos parlamentarios exhibidos con tanto descaro...

Los *representantes del pueblo...*

Desde luego que entre ellos hay elementos sanos. Y uno puede alegrarse cuando se levanta alguna que otra voz para denunciar la desidia, el crimen o los abusos del poder. Por otra parte, de acuerdo con la Constitución de 1993, la Duma no representa sino un accesorio decorativo del verdadero poder político. El aplastamiento a cañonazos de la asamblea anterior, el Soviet Supremo, dejó secuelas psicológicas. (Agreguemos que para complacer a todo el mundo, la Constitución no incluye un método para revocar mandatos: este procedimiento no ha sido discutido ni es conocido por nadie. Por ese lado, los elegidos no tienen nada que temer.)

Entonces, se objetará, ¿habría que privarse de Duma?

¿Por qué no? *A falta de pan, buenas son tortas.* El sistema de representación nacional debería expresar a los oídos del gobierno la opinión del pueblo, no la de los partidos o los políticos del momento sino una opinión que aquél no pueda desconocer. Se conoce también un sistema de representación basado en elecciones de diversos grados y que garantizaría un vínculo real entre los candidatos y la vida del pueblo. (Hablé de ello en *¿Cómo reorganizar Rusia?*)

Se conocen ejemplos de parlamentos unicamerales (tanto como tricamerales). Tenemos el Consejo de la Federación, que tiende a diferenciarse de la Duma y a expresar la estabilidad de la vida en las regiones. Volveré sobre esto.

Pero la mayor expresión de la falta de grandeza de ambas Dumas fue su incapacidad para elaborar una ley de autogestión local, aplicable y conforme a las realidades, a pesar de que ambas (y el gobierno también) prometieron considerarla "entre las prioridades" y fatigaron todas las instancias de consulta sobre proyectos que cambiaban sin cesar. Los engendros legislativos resultantes no dejan el menor margen de libertad para poner en práctica la autogestión con una base financiera significativa.

El fracaso no es casual: una auténtica autogestión popular (la verdadera democracia) entraría en competencia con las Dumas y el gobierno.

La autogestión local, incompleta antes de la revolución, aplastada luego por los bolcheviques (siempre la competencia), no es otra que el *zemstvo**. Éste es el poder del pueblo. Sólo el *zemstvo* puede permitirle al pueblo respirar libremente y habituarse de manera gradual a la democracia.

¿Y una institución ética en el nivel estatal? ¿Un sueño? Al paso que vamos, ¿alcanzaremos algún día la madurez necesaria?

VIII. El gobierno en sí

¿SE PUEDE CITAR una sola decisión política significativa de nuestro gobierno a partir de 1990 que no haya conducido a una derrota humillante, incluso histórica, de Rusia? Pero éste no se preocupa ni parece siquiera darse cuenta. Existe totalmente en sí y para sí. Está absorto en sí mismo y encerrado en sí mismo.

Cuántos decretos, decretos y más decretos, leyes y más leyes pasaron sobre nuestras cabezas como escuadrillas de aviones rugientes. ("Durante los últimos cinco años debimos aprender a gobernar": ¡sí, en la carne viva de Rusia!) Sin embargo, casi nadie leyó estos textos; los que leyeron, los olvidaron; naturalmente, nadie los aplicó. El gobierno empieza a provocar miedo, a hacer sentir su peso (por lo demás, uno está habituado a sentir miedo de todo), ¿pero quién lo respeta? El gobierno está convencido de que está bien parado sobre sus piernas; los *apparatchiks**, mucho más numerosos hoy que en el viejo Comité Central, piensan que no los echarán, que a lo sumo será cuestión de barajar y dar de nuevo.

Durante ese tiempo, los decretos más implacables, los referidos a la lucha contra la corrupción y la criminalidad, quedaron irremediablemente atascados porque aquéllas son las consecuencias naturales de las "reformas" estúpidas y del relajamiento del Estado. El aparato estatal está corroído en el 90% por la venalidad y la búsqueda de la ganancia personal. La criminalidad ha penetrado en todas las esferas del poder, incluso las más altas. Así como en un organismo en descomposición es casi imposible distinguir las partes podridas de las sanas, en el organismo de nuestro Estado no se puede distinguir la piratería desenfrenada del gobierno sano de Rusia.

Muchas cosas han cambiado en la superficie: banderas, símbolos, divisas; pero la característica fundamental del régimen comunista precedente, la más completa opacidad y la falta total de responsabilidad frente al pueblo, permanece intacta en el gobierno actual. Éste ignora olímpicamente lo que dice la prensa. Utiliza las tapaderas de la democracia para encubrir a una oligarquía corrupta y engañar a la opinión pública internacional.

Se ha abierto un abismo entre el gobierno y el pueblo que aquél prefiere desconocer; se niega a tomar conciencia de que no bastará la multiplicación de las unidades especiales de seguridad para conservar su autoridad. En la actualidad el gobierno central es ciego e indiferente a los procesos destructivos en marcha en todo el país, sólo vive *por sí* y *para sí*. E imagina que esta situación se va a prolongar. Es verdad, bajo el régimen actual no ejercemos la menor influencia sobre la acción (o inacción) de nuestros dirigentes. Pero si bien se apartan del país, no podrán sustraerse a los efectos del estado profundo de la sociedad rusa. Si ésta se degrada aun más, las altas esferas del Estado sufrirán las consecuencias destructivas. Si este país, tan cómodo de gobernar debido a la paciencia infinita de su pueblo, del cual se pueden exportar millones y miles de millones, acaba por quebrarse, los que se encuentran a la cabeza también caerán. ¿Acaso buscarán refugio más allá del mar?

¿A qué nos referimos cuando hablamos de "gobierno central"? Ante todo, al poder ejecutivo, claro está. Ya hablamos del legislativo. Pero conviene mencionar también al poder judicial, empujado hacia la corrupción por la pasividad vergonzosa de sus autoridades y la falta de medios.

Entre los que ejercen el poder, incluso entre los mejores, abundan los que separan las consideraciones políticas del momento de la conciencia histórica a largo plazo: ¿qué consecuencias tendrá tal o cual decisión sobre nuestro porvenir? ¿No traicionará a quienes nos precedieron o a los que vendrán después? ¿Cómo la juzgará la Historia? Muy pocos se hacen estas preguntas.

Y muy pocos son conscientes de que el poder no es un privilegio –con avión privado, escolta y protección– sino un deber pesado, un servicio que exige sacrificio personal, abnegación.

¿Y qué decir de nuestra *opinión pública*, nuestros *círculos ilustrados*, liberales y radical demócratas, transportados al éxtasis por el advenimiento de la democracia y las reformas admirables y que, luego, decepcionados por éstas y el gobierno, se volvieron encarnizada-

mente contra ellos? Un lugar aparte dentro de ese medio corresponde al Cuarto Poder, con sus accesos de fiebre, contra el odioso "ejército federal" o a favor de los combatientes y terroristas chechenos o
para echar anatemas sobre la reunificación de Rusia con Bielorrusia.
¿De qué se trata en realidad? ¿Acaso esta gente no se ha creado un
territorio propio en una zona de intervención e influencia de los
asuntos de Estado?

No obstante, existe una forma de poder a la que aún no nos hemos
referido: *el poder del dinero*. Éste es mucho más eficaz que el del decreto promulgado a plena luz del día. Las sabias decisiones que dieron
lugar a nuestra "privatización" –a precio vil– y a la creación de bancos
comerciales –por cuenta del tesoro público– permitieron la aparición
del más poderoso de los poderes de decisión. Lo encabeza un grupo
de grandes banqueros que se complacen al repetir la siguiente broma:
"Tiremos los dados para ver quién entrará al gobierno". B. Berezovski
lo ha dicho claramente:"*Entre nosotros gobierna el capital*".

Y los hechos no dejan de darle la razón. Por el momento, sin el
apoyo del gran capital (frecuentemente de origen mafioso), nadie
puede llegar a la cima del poder en el régimen actual. Por ahora hay
que renunciar a la esperanza de un resultado favorable al pueblo en
las *elecciones* generales.

En este sentido, la campaña electoral de 1996 es un ejemplo rico en
enseñanzas. Se equivocaron quienes blandieron el espectro del regreso de los comunistas al poder. La campaña comenzó en marzo y al mes
siguiente conocimos la declaración timorata de los *trece banqueros*.
El miedo indisimulado de perder su fortuna les había inspirado una
idea luminosa: la democracia está muy bien, pero... ¡sin elecciones generales! Que los demócratas y los comunistas se pongan de acuerdo,
si no, accionaremos *nuestras propias palancas* y tendremos a la prensa de nuestro lado. Poco después se constituyó la *Banda de los siete
bancos,* organizada para controlar directamente el poder supremo en
Rusia. (Casi el 50% de nuestra economía ya está en sus manos,[1] y es
apenas el comienzo. Según datos más recientes,[2] 15 grandes empresas
y bancos controlan el 75% de la economía nacional.)

[1] *Financial Times*, 1 de noviembre de 1996.
[2] *Nezavisimaia Gazeta* [*Gaceta Independiente*], 11 de marzo de 1998, p. 3.

En realidad, la reconciliación de los comunistas con los demócratas no era para los banqueros sino una variante de recambio. Tras bambalinas, como supimos un año más tarde por boca del muy locuaz Berezovski, ya se realizaba la unión del oro y del hierro, del "joven capital ruso" y de las estrellas en ascenso de la joven oligarquía burocrática, con la prioridad de hacer elegir a cualquier precio a su candidato a la presidencia. Y lo consiguieron, aunque no sin dificultad. Y saborearon su victoria.

Porque carecen de sentido histórico. Embriagados por el súbito, fabuloso enriquecimiento, llenos de soberbia y seguridad en sí mismos, piensan ser los amos de Rusia por los siglos de los siglos. Y sería vano apelar hoy a su *conciencia*, o a aquello que ocupa su lugar.

Pero hasta la fecha ningún mortal ha sabido desentrañar el devenir imprevisible de la Historia.

Si durante todo 1995 se trabajó sin cesar en la refacción y decoración –conforme con las más altas exigencias del lujo imperial– de los apartamentos presidenciales del Kremlin, ¡no fue para exponerlos inmediatamente después a las vicisitudes de una reelección democrática! Era preciso esperar esa alternativa con toda indiferencia para lanzarse de la mañana a la noche a una campaña organizada según métodos americanos bien aceitados, centrados en la personalidad del candidato... ¡y cada uno de sus melindres nos revelaba un profundo sentido de estadista! Por otra parte, el descubrimiento de un robo de medio millón de dólares en efectivo (!) no provocó la menor reacción por parte del Ministerio Público. (¡Pero cuántos robos de este género han pasado inadvertidos!) Y a diferencia de lo que sucede en Estados Unidos, todas las cadenas de televisión cantaron loas al único candidato favorito. ¡Rusia alcanzó la cima de la libertad! Y a diferencia de lo que sucede en las democracias occidentales atrasadas, se nos aseguró con un tono tan paternal como majestuoso que en el horizonte del año 2000 ya aparecía un delfín (¿republicano?), mejor dicho, varios: los delfines, se dijo, tenían un "auge impetuoso" (9 de junio de 1996). Y todos los presidentes de la CEI se reunieron (17 de mayo de 1996) para expresar con grandes abrazos su apoyo a un colega que los estafa tan bien. Y el Grupo de los Siete expresó su apoyo sin desmayos al dirigente ruso que le parecía más aceptable. Y para mayor seguridad se disimuló su estado de salud crítico antes de la segunda vuelta.

Se dirá que el equipo de gobierno, por su conducta descarada y su dirigismo, logró en pocos años que millones añorasen los buenos tiempos del comunismo. (Aquellos que suspiran por la "felicidad comunista" jamás fueron rozados por las masacres salvajes perpetradas durante los años de bolchevismo o bien jamás tomaron conciencia de la situación de expoliación y sometimiento en la que se hallaban.) Pero otros, no menos numerosos, en quienes permanecía arraigado el miedo al comunismo, observaron con terror cómo se extendía su sombra amenazadora. Por eso las elecciones carecieron de sentido. La opción se redujo a comunismo sí o comunismo no. (La única opción razonable –yo estaba convencido de ello y lo preconizaba en esa época– consistía en *rechazar los dos términos* para que las elecciones fueran aplazadas y los candidatos obligados a retirarse o bien a sustentar su política pasada y futura: pero apenas el 5% del electorado se pronunció en ese sentido.)

Por mi parte, estimo que en la campaña aparecieron claramente la incertidumbre de Ziuganov y el miedo de los dirigentes comunistas a obtener la victoria: les resultaba cada vez más difícil sacar del pantano a ese eslabón aislado de la Internacional Comunista. Además, aún sufrían el *shock* del fracaso espectacular de su propuesta de "denunciar los acuerdos de Belovezh", cuyo ruido llegaba a todos los rincones de la CEI y del planeta. Por más que multiplicaran las declaraciones, con frecuencia agresivas, se veían arrastrados inexorablemente en un proceso de compromisos con el gobierno oligárquico, de negociaciones secretas y acuerdos, y su alboroto no les servía para nada. *Mucho ruido y pocas nueces.* La oposición se autodestruía.

La conducta derrotista de los comunistas fue comprendida y alentada. Muchos decretos presidenciales apuntaban hacia "la alianza y la reconciliación". (¡Es verdad que se necesitaba la Reconciliación! Pero no con los prósperos dirigentes de la oposición sino con la masa de los innumerables desposeídos y miserables de todo el país.) El colmo de la Reconciliación fue el 80° aniversario del golpe de Estado bolchevique. *Ninguna mención*, en el discurso solemne del presidente, de las prisiones de la Cheka* y la GPU* o de los campos del Gulag*, sino un llamado a "comprender y perdonar a quienes cometieron un error histórico fatal", los que utilizaron a Rusia como un cobayo para experimentar sin éxito la Gran Doctrina. Ese perdón generoso se aplicaba igualmente a lo que se les había hecho a los *Blancos*, que durante tres años habían defendido heroicamente a Rusia de la locura asesina de los Rojos.

Durante esta celebración, las dos ramas del sovietismo –los que se apresuraron a unirse al nuevo poder y los que quedaron vegetando en la oposición– se reunieron nuevamente, lo cual correspondía a la lógica de las cosas. Un fuerte nudo corredizo en torno de nuestro cuello.

En el final de este segundo mandato presidencial restaba la tarea de proveerse de una *Idea Nacional*: era el momento, y podía resultar útil. Acto seguido se promulgó un decreto (06-07-96) y se nos exhortó a todos a reflexionar sobre este asunto, ¡a inventar la Idea Nacional!

Y aparecieron aprovechadores dispuestos a acometer la tarea. Pero en vano. En lo sucesivo quedaba claro que el gobierno jamás adoptaría como idea nacional la Salvaguarda del Pueblo.

*

Ahora que en los países de Europa Oriental se constituyen gobiernos que proclaman abiertamente el principio nacional (y *nadie* se lo reprocha); ahora que las autoridades de las repúblicas de la CEI, como las de las regiones autónomas rusas, se abocan con todas sus fuerzas a conservar sus poblaciones indígenas (y a todo el mundo le parece normal), se observa en los dirigentes de nuestro gobierno central una atrofia total del interés –si es que alguna vez existió– por las necesidades propias del pueblo ruso. (Dar un nombre con tintes patrióticos a una residencia oficial o una nueva medalla no cambia las cosas.) *El hábito no hace al monje.* A pesar de los cambios de personas, nuestros círculos dirigentes demuestran absoluta indiferencia para con todo lo ruso, cuando no derraman la sangre de nuestra juventud en Chechenia o cierran los ojos ante aquello que la corrompe moralmente.

Y la menor de sus preocupaciones es la suerte de 25 millones de compatriotas separados de nosotros durante la carrera por las *independencias*.

Los marginados

IX. Extranjeros en 24 horas

"¡OYE, RUSO, vuelve a tu país!" "¡Fuera todos, antes de que los degollemos!" "¡Fuera de nuestra tierra, rusos malditos!" En Asia Central se llegó a proclamar: "¡Quédense, necesitamos esclavos!" Se insultaba a los rusos en la calle, los tranvías, los lugares más frecuentados; se importunaba a las mujeres. Yo recibía cartas de rusos radicados en las repúblicas asiáticas cuando aún vivía en Vermont; tras mi regreso a Rusia he recibido muchas más.

Esta gente, un día, al despertarse, descubrió que en el marco familiar donde había transcurrido su vida, donde habían vivido sus padres e incluso sus abuelos, era extranjera, indeseable, víctima de la discriminación cuando no del odio. ¿Cómo digerir semejante cosa? ¿Cómo aceptarla con el corazón, las entrañas, la cabeza? La "amistad de los pueblos" a la que el régimen soviético había cantado tantas loas mostraba súbitamente la máscara horrenda de una hostilidad largamente reprimida, pero siempre viva. Remontándonos un poco más en la historia, esto significa que después de siglos de vida en común no hemos sabido granjearnos la simpatía de los pueblos orientales. ¿Y acaso era posible? ¿Existen muchos ejemplos en el planeta? Lo que se aporta de bueno es recibido como un derecho. Lo que se aporta de malo alimenta las llamas de los rencores nacionales.

¿Quiénes eran los rusos radicados en los límites del imperio? Algunos eran antiguos deportados o evacuados; otros habían ido allá porque eran los mejores en su especialidad, tenían iniciativa y capacidad de adaptación: eran profesionales de alto nivel. Ellos llevaron la ciencia y la cultura a esas regiones, desarrollaron la técnica y la industrialización. (En Tadzhikistán, según datos oficiales, ¡la "productividad se multiplicó por 210" después de la revolución! Poco importa cómo se calculó esa cifra: lo que cuenta es que se creó todo a partir de la nada.) Y además estaban los campesinos deportados después de la "deskulakización"* y sus descendientes: trabajadores calificados

* La "deskulakización" alude al término "kulak", nombre que se daba a los campesinos ricos. (N. de los T.)

que no le ponen mala cara al trabajo ni beben. (Recuerdo el hospital oncológico republicano de Tashkent donde estuve internado: funcionaba gracias a los colonos y deportados rusos.) Y he aquí que se ha desatado una oleada de *expulsiones*, de confiscación de viviendas y tierras. Se burlan de ellos porque Rusia los abandonó y están indefensos. Se los obliga a dejar puestos con buenos salarios para aceptar trabajos mal remunerados. En el cementerio de Tashkent, la capital, se profanan las tumbas y los monumentos fúnebres del cementerio ruso. Se expulsa brutalmente a la juventud rusa de las instituciones de enseñanza superior. Se limita el número de escuelas rusas o directamente se las clausura. En todos los países de la CEI la enseñanza de la lengua rusa pierde terreno y se enseña la historia desde el punto de vista de la nación "titular". Pasa el tiempo: siete años es casi una escolaridad completa. Y en la CEI los alumnos de nacionalidad rusa se cuentan por millones.

He aquí una situación frecuente: se quita la jubilación a "extranjeros" que trabajaron en una república de la URSS distinta a la de su residencia actual: "Su jubilación le fue otorgada por otro Estado, ¡vaya a cobrarla allá!" (En cambio, si le otorgaron la jubilación allí donde reside, no le otorgan un comprobante de sus derechos si decide partir.) Lo mismo sucede con las indemnizaciones de los *zeks** rehabilitados: "¿Lo condenaron en nuestra república? ¿No? ¡Pues vaya a pedirla a otra parte!"

Me parece oír el llanto de mis corresponsales. ¿Qué han hecho ellos para merecer esto? ¡Golpes tan inesperados, tan brutales! Su patria los abandona... ¿por qué? Y ellos esperan, esperan siempre que Rusia les extienda su protección... En vano.

Unos, desalentados, decidieron permanecer hasta el final. Abandonados, humillados, se resignan a que sus hijos estudien en una lengua extranjera. Otros, impulsados por el deseo natural de regresar a Rusia, se precipitaron a las flamantes embajadas y los consulados rusos: chocaron con un muro de indiferencia. ¿Obtener la nacionalidad rusa? Es un trámite interminable, parece más sencillo volver como indocumentados. Tienen que arreglárselas como pueden. ¿Vender su vivienda? Los precios bajaron de golpe. En algunas repúblicas les está *pro-*

hibido venderla. Queda la posibilidad de cambiar un apartamento grande por otro pequeño y luego perder aun más al vender éste por casi nada. Pero también esto fue prohibido por las autoridades. Pusieron trabas a quienes deseaban llevarse sus efectos personales. ¡Se prohibió la exportación de muebles bajo el pretexto de que formaban parte del patrimonio nacional! "El concepto de 'bienes personales' no existe", es el argumento de Turkmenistán.

A esto se suma que aparecieron "zonas calientes" en repúblicas como Azerbaidzhán, Kirguizistán, Kazajstán y Tadzhikistán: guerra civil, masacres, violencia, incendios; sucesos que sólo podían alentar la partida.

¿Qué sucede donde no hay "zonas calientes"? En las repúblicas de Transcaucasia o en el Asia Central no hay lugar para los rusos ni lo habrá jamás. Partir es la solución más natural. Por otra parte, las estadísticas revelan que los rusos empezaron a abandonar Transcaucasia en los años sesenta y a fines de los años ochenta había partido la quinta parte de la población rusa: es un proceso históricamente irreversible. (Ya en 1937 se oía en Georgia a los rusos quejarse amargamente de las vejaciones que les infligían los georgianos y de la imposibilidad de obtener justicia. Pude comprobarlo en Kazajstán, donde es imposible ganar un juicio contra un nativo.) Desde mediados de la década de 1970 los rusos comenzaron a regresar del Asia Central. En los años noventa, cientos de miles de pobladores desesperados emprendieron el camino del éxodo. En Tadzhikistán, cuyas fronteras defendemos con una obstinación insensata, los únicos rusos que permanecen son los viejos y los pobres, pero están demasiado alejados para que alguien se ocupe de ellos. No hay lugar para nosotros allá: si nuestras autoridades lo comprendieran, tal vez podrían aliviar la situación de millones.

Al firmar con ligereza el acta de disgregación inmediata de nuestro país, sin acuerdos previos ni condiciones, ¿pensaron un solo instante nuestros fatuos gobernantes en lo que significa cortar la carne viva? En todas las declaraciones realizadas por el gobierno ruso después de Belovezh uno buscaría en vano la menor alusión a estos desamparados, estos olvidados; menos aún encontrará la afirmación por parte de Rusia de la posibilidad de que los marginados obtengan en cualquier momento y sin dificultad la nacionalidad rusa. Al menos hubieran podido pensar que el regreso de esos parias a su patria representaría un importante interés nacional: ¡su regreso hubiera compensado la caída vertiginosa de nuestra población! Absortos en sus cálculos, intrigas y fiascos, en siete años nuestros dirigentes no tuvieron la firmeza ni el coraje para tomar medidas enérgicas a favor de nuestros compatriotas abandonados en la CEI. ¡Dios no permita que se perturbe la armonía de la Alianza! Se pidió tímidamente a las autoridades de las repúblicas de Oriente que otorguen a esa pobre gente la "doble nacionalidad". Excepto Turkmenistán, todas respondieron negativamente.

¿Conoce la historia otros ejemplos de una patria que traiciona masivamente a sus hijos como lo hicimos nosotros con la sexta parte de nuestra población, que de golpe se encontró expulsada de las fronteras rusas sin protección ni ayuda? Sólo se compara con la manera como la URSS traicionó a 5 millones de sus prisioneros durante la guerra con Alemania; en ello (y no solamente en ello), la "Rusia democrática" permanece fiel a las tradiciones soviéticas.

¿Pero de quién estamos hablando? ¿Quiénes son aquellos que Rusia tiene el deber de liberar? El aspecto jurídico del problema se ve complicado en grado sumo por el concepto de "ciudadanía soviética": todos la poseían, pero para 200 millones de individuos se evaporó de la noche a la mañana. (¡Deberían haber pensado en ello los autores del acuerdo de Belovezh!) ¿Repatriar a los ciudadanos *rusos*? Pero antes de 1991 no había ciudadanos rusos. Por consiguiente, esto debería aplicarse a quien pertenezca a cualquiera de las nacionalidades rusas actuales, a cualquiera que, al carecer de un país correspondiente a su etnia en el seno de la CEI, desee vivir en Rusia y en ninguna otra parte. Desde hace mucho tiempo, desde que tomó la ardua decisión de ser un país plurinacional, Rusia no puede renunciar a ninguno de los *suyos*.

¿No se podrían aprovechar al menos las tendencias actuales de la opinión pública internacional para exigir con fuerza e insistencia que se respeten los *derechos* de aquellos que quedaron relegados? ¡Vamos, pues! Después de abandonar a millones sin decir palabra, los dirigentes rusos no son capaces de defenderlos ni quieren hacerlo. Por su parte, la opinión pública internacional tiene sus preferencias y maneras de actuar en materia de derechos humanos: sólo se preocupó un poco por la suerte de los rusos en los países bálticos, y por poco tiempo. El 22 de marzo de 1997, luego de su encuentro con Clinton, nuestro presidente cometió el siguiente desliz: "No hablamos de la discriminación de la que son víctimas los rusos en los países bálticos". (En 1998, en Riga, evidentemente se había colmado la medida.) Alemania vela hoy con la mayor atención por los alemanes residentes en Rusia, apoya sus iniciativas, les ayuda a organizarse, les otorga préstamos y envía delegaciones. ¿Podríamos imitarla? ¡No, claro que no!

*

En Kazajstán, a pesar de los esfuerzos de Nazarbaev por traer de regreso a los que abandonaron el país, los nativos propiamente dichos representan apenas el 40% de la población; hay 7 millones de rusos, muchos ucranianos, 600 mil alemanes, polacos: partir significa una capitulación vergonzosa. No corresponde que los más numerosos huyan de la minoría. Esta república fue edificada por rusos, ex kulaks, ex *zeks*, deportados. (Allí llaman "rusos" a todos los que no son nativos u originarios del Asia Central. Además hay restos de cuatro ejércitos cosacos, los de los Urales, Oremburg, Siberia y Semirechensk, con sus tradiciones de cuatrocientos años de antigüedad.)

Desde que Kazajstán declaró su independencia, la situación de los rusos se deterioró brutalmente. Redactada a toda prisa, la Constitución declara que el Kazajstán plurinacional es "el Estado del pueblo kazajo que se autodetermina" y su lengua es la única oficial; una ley estipula que "aquellos que obstaculizan el empleo del idioma del Estado" pueden perder la ciudadanía: ¡si no quieres hablar el kazajo, te vas inmediatamente! (Posteriormente se admitió el ruso como "idioma para los negocios".) Se expulsa sistemáticamente a los rusos de los puestos de responsabilidad. En las elecciones se desautoriza a los candidatos representantes de las regiones rusófonas y se desconoce a aquellos que logran hacerse elegir. Las poblaciones rusófonas reclaman el derecho a que en sus escuelas se enseñe lengua, literatura e historia según los programas vigentes en Rusia: se les prohíbe hacerlo, se los trata de "extremistas que violan la soberanía de Kazajstán". Se ha reducido de manera drástica el empleo del ruso en la enseñanza superior; en casi todas partes es obligatorio rendir examen en kazajo. Es cada vez más difícil recibir las emisiones de las cadenas de televisión rusa y los programas en ruso de la televisión local son objeto de severas limitaciones. La prensa en ruso se ve privada de recursos materiales y se extingue. Se ingenian para interrumpir las suscripciones a los periódicos rusos. Para informarse, para comprar la prensa rusa, hay que ir a Omsk. Los que quieren enviar correspondencia importante a Rusia evitan el correo kazajo (y la censura) y piden a un viajero que la despache en Rusia, una vez que llega allá. En el norte del país, en regiones con predominio de población rusa, se han constatado incendios de iglesias ortodoxas, una agresión al obispo; destacamentos de nacionalistas kazajos se entregan a la violencia (*Azat*, *Alash*). Por todo Kazajstán, ciudades y poblados que siempre tuvieron nombres rusos ahora reciben nombres en el idioma nativo. La situación, según Nazarbaev, se reduce a lo siguiente: "*No existe* problema ruso en Kazajstán". Quienes lo plantean son comparables a aquellos que en los años treinta se preocupaban por la suerte de los alemanes en los Sudetes (24 de noviembre de 1993). En cambio, sí le "preocupa vivamente" el "imperialismo ruso" (Davos, enero de 1994). (A pesar de las gruesas irregularidades de procedimiento denunciadas por muchos observadores extranjeros durante las elecciones al Soviet Supremo y los soviets locales, un informe de la Casa Blanca en 1993 dice que en Kazajstán se respetan los derechos humanos; poco después de la disolución del Soviet Supremo, un observador norteamericano declaró que Nazarbaev era un "profesor de democracia". ¿No ven lo que sucede? Sí, sí ven... ¡lo que les conviene!)

Otros pueblos de importancia numérica similar a la de los rusos en Kazajstán hubieran sido capaces de defender sus intereses. Pero aquí se manifiesta un grave defecto de los rusos: su incapacidad para organizarse. Desgraciadamente, allá no somos un pueblo sino individuos aislados, carecemos de organizaciones defensoras de nuestros derechos étnicos, de dirigentes. Solamente los cosacos, salvajemente perseguidos por el régimen soviético, encontraron en sí mismos la fuerza para resistir; pero sus intentos desesperados fueron aplastados por las autoridades de Kazajstán, que siempre atacan a los más valientes: viviendas saqueadas, palizas, grilletes, cárceles, largas condenas bajo acusaciones falsas. Todo acto de autodefensa motiva la acusación de "incitación al separatismo". (Una mujer mayor, abogada, fue arrastrada por tierra desde la puerta de su casa hasta el automóvil que debía llevarla al cuartel de la policía.)

Es muy sombrío el porvenir de millones de nuestros compatriotas en ese califato oriental tan democrático. ¿La próxima mutación de millones de rusos? ¿La transformación de una etnia o una raza en otra? Una cicatriz que durará un siglo o más.

Por otra parte, el flujo de refugiados provenientes de Kazajstán disminuye año tras año (1994: 304.000; 1995: 191.000; 1996: menos aun); pierden las esperanzas en su patria, dejan de creer que se los necesita aquí.

Los dirigentes rusos asisten al proceso con la mayor indiferencia.

*

Pero lo que me causó la mayor amargura después de recorrer las provincias rusas y hablar con muchísima gente fue que nadie, ni en conversaciones privadas ni en las reuniones públicas donde se denunciaban las condiciones deplorables en las que vivimos, nadie, nadie, jamás recordó ni habló de la suerte de nuestros compatriotas excluidos, rechazados, abandonados. (Salvo los refugiados mismos, que aprovechaban la oportunidad para expresarse. En Stavropol, una refugiada de Georgia: "Si uno habla ruso, le pegan. Lo echan de todas partes".)

El dolor ajeno no hace daño.

Es triste, muy triste, ¿pero quién puede reprochárselo? Se han quebrado los fundamentos mismos de nuestra existencia, nuestra vida se ha vuelto patas arriba: lo único que queda es tratar de mantenerse a flote como se pueda, por las propias fuerzas.

Hemos perdido el sentido de unidad de nuestro pueblo.

X. Los refugiados

Pasaron seis meses después del derrumbe de la urss hasta que el gobierno ruso se despertó y entendió que debía ocuparse de esos compatriotas perturbados que, por motivos que no se comprendían del todo, acudían a nuestro país. Hubo que esperar el momento adecuado para crear un Servicio Federal de Migraciones (sfm) y luego, sin demasiada prisa, se empezó a constituir una red de emisoras locales. Algunos años se empleó apenas el 15% del magro presupuesto del sfm. Las asignaciones a los refugiados eran miserables, los préstamos demasiado mezquinos para permitirles instalarse. A veces se les negaba el permiso de residencia aunque los recibieran en casas de parientes o bien debían pagar millones para obtenerlo. (No era infrecuente que un refugiado, temiendo por la suerte de sus padres ancianos, partiera sin ellos: y no se equivocaba...)

Partieron sin saber qué les aguardaba, con los nervios y las fuerzas tensos a más no poder, y trataron de construir una vida nueva. El 40% de ellos tenía formación universitaria, pero la Patria amarga padece de un exceso de profesionales. Algunos estaban dispuestos a instalarse en el campo y hacerse un lugar allá. Llegaron en grupos sólidos, llenos de iniciativas, dispuestos a construir una aldea o a hacerse cargo de un koljós* abandonado; pero sin darles tiempo para instalarse los abrumaron de impuestos: "¡Dejen de portarse como indigentes!" Los gobiernos locales los engañaban, les exigían sobornos. "¿No les gusta? Váyanse por donde vinieron, no se los necesita aquí." La gente se desespera, los grupos se disgregan. Los refugiados están felices cuando encuentran una cueva, un local sin calefacción, un vagón de ferrocarril abandonado donde alojarse; para algunos se crearon "centros de alojamiento temporario".

Después de la pérdida de Argelia, De Gaulle pudo repatriar rápidamente casi un millón de franceses. Alemania, totalmente destruida por la guerra, acogió a los millones de alemanes que llegaban de los territorios perdidos de Prusia, Pomerania, Silesia y los Sudetes. Para nuestro gobierno, el regreso masivo de los refugiados rusos es una calamidad: en el estado de descalabro de nuestra economía, ¿cómo darles trabajo y vivienda?

En realidad tienen razón: nuestros dirigentes dejaron escapar la vida del país entre sus manos, vaciaron las arcas del Estado y las sumieron en el coma: ¿de dónde sacarían dinero y tiempo para ocuparse de los refugiados? El presidente tuvo el cinismo de decir (1994): "El gobierno de Rusia expresa su reconocimiento a los países de la CEI por haber recibido a nuestros compatriotas..."

¿Y qué dice la prensa rusa al respecto? ¿Y la "opinión pública democrática"? No demuestran el menor interés por los abandonados a la buena de Dios. La prensa no informa sobre los mítines organizados por los refugiados: éstos no generan publicidad. Y si por ventura les dedica un artículo, ni el gobierno ni la opinión pública prestan atención.

Esto es lo más aterrador de todo: el desamparo de los refugiados choca no sólo con el muro de indiferencia de las autoridades sino también con la falta de interés, cuando no la hostilidad, la enemistad de la población rusa. "Hay que ponerlos a prueba, seguramente tienen dinero." "¿Qué vienen a hacer aquí? ¡Nosotros mismos no tenemos para comer!" En Chudov se dejó de suministrar calefacción a las barracas de los refugiados durante el invierno. Hay testimonios de que algunas casas fueron incendiadas.

Éste es el síntoma más ominoso de la disgregación de nuestro pueblo. Se ha perdido el sentido de la unidad; no demostramos la menor benevolencia hacia los hermanos que golpean a nuestra puerta, no queremos ayudarlos. El destino de estos réprobos es un anuncio terrible del destino que aguarda al pueblo ruso en su conjunto.

Cuando hablo con ellos, cuando leo sus cartas, siento que se me parte el corazón. Están cansados de pedir ayuda. "En Rusia nadie nos necesita." En tierra extranjera, durante las persecuciones, adquirieron una conciencia aguda, dolorosa, de que eran rusos: acudieron a nosotros y los rechazamos. "Para nosotros no hay dinero, pero para los festejos no reparan en gastos." En 1993-1994 se creó una "Unión de Refugiados Rusos", pero se extinguió y desapareció al año siguiente por falta de apoyo de los compatriotas.

¡Pero, como dijo nuestro presidente (7 de noviembre de 1997): "Va llegando el momento en que la vida cotidiana de nuestros conciudadanos se convierta en la primera preocupación del Estado".

Viene, viene el momento, pero jamás llega. Al cabo de 12 años de *perestroika* y otros desbarajustes, lo vemos claramente, lo sentimos en nuestra carne.

Las cosas de las que hablé aquí pasarán con los años, pero quedan inscritas para siempre como una página vergonzosa de nuestra historia. La epopeya triste de estos refugiados quedará como una mancha negra en la Rusia de los años noventa del siglo xx. Pasarla por alto, en silencio, significa no comprender la Rusia actual ni a su pueblo.

XI. Los migrantes

La ley de refugiados no estableció diferencias entre los verdaderos rusos obligados a emigrar y los ciudadanos de pleno derecho de los nuevos Estados de la CEI que desean, por sus propias razones, radicarse en Rusia. Esto tuvo consecuencias en cientos de miles de casos.

A partir de 1992 nuestras autoridades prohibieron a los refugiados instalarse en Moscú, Petrogrado, en la región de Rostov y los territorios de Stavropol y Krasnodar. Con todo, esta prohibición no resistió a las sumas a veces astronómicas que poseían algunos naturales del Cáucaso, Transcaucasia o Asia Central: sin la menor dificultad, atravesaron las barreras reglamentarias para comprar terrenos, casas, fondos de comercio. Para los refugiados rusos, ni vivienda ni trabajo; para "nuestros hermanos del Cáucaso", vía libre. Solamente los azerbaidzhanos, que vinieron a Rusia en oleadas continuas, eran 300 mil en 1989 y en 1996 alcanzaron los dos millones y medio, con una gran diseminación por todo el territorio ruso. (Estas migraciones tienen su historia. Al comparar los censos de 1979 y 1989 surge que la población kirguiza radicada en la RSFSR aumentó en ese período el 178%, la azerbaidzhana, el 124%, la tadzhika el 114%, la uzbeka el 76% y la turcomana el 73%.)[1] Cientos de miles de armenios vinieron a radicarse en el norte del Cáucaso, sobre todo en el territorio de Krasnodar, luego de abandonar la Armenia soberana e independiente. Un hecho significativo: estos advenedizos no se concentran en la producción sino en el comercio y los servicios.

¿Cuál debe ser la actitud del Estado ruso? No es una cuestión de identificación étnica sino nacional. Hay armenios en Najichevan sobre el Don y alrededores, en Armavir, la región de Stavropol, radicados desde la época de Catalina II o en el siglo XIX: tienen el sentimiento legítimo de ser auténticos ciudadanos rusos. Pero me salen al paso, me interrumpen: "¿Y si un armenio o azerbaidzhano quiere radicarse en Rusia? ¿Y los derechos humanos? ¿El internacionalismo?" Perdone

[1] V. I. Kotov, en: *Ruski narod: istoricheskaia sudba v xx veke* [*El pueblo ruso: su destino histórico en el siglo xx*] Moscú, ANKO, 1993, p. 79.

usted: los países de la CEI se declararon Estados *nacionales* y al asumir esa responsabilidad la extendieron a sus nacionales: éste es *tu* país, en otro eres *extranjero*. Hay que aceptar las consecuencias de la afirmación de la independencia. (¡Trate de entrar en Estados Unidos! Lo echarán inmediatamente; no es fácil para un extranjero radicarse allá.) Rusia, sobre todo en la situación trágica y miserable en la que se encuentra, no puede acoger sin limitaciones y restricciones a los que quieren regresar, sea del extranjero "próximo" o "lejano". A los que vienen de los nuevos Estados de la CEI sólo se les puede considerar *extranjeros*, con la consiguiente limitación de sus derechos cívicos y económicos. *Quien ama al prójimo más que a sí mismo muere de sed en la fuente*.

Tuve la oportunidad de presenciar un conflicto típico en el territorio de Stavropol. Extenuada por el ingreso de extranjeros (y los conflictos que provocaba), la Duma territorial hizo, en 1994, la siguiente observación: "Como consecuencia de la presión excesiva debida al acrecentamiento mecánico e incontrolable de la población por obra del arribo al territorio de personas provenientes de las antiguas repúblicas de la URSS, frecuentemente con la intención de ejercer actividades económicas criminales, se lesionan los intereses de la población autóctona en materia de vivienda, servicios comunitarios, transportes, asistencia médica y recursos naturales. Sin embargo, hasta ahora la legislación rusa no ha previsto disposiciones relativas al ingreso y la permanencia en el territorio de ciudadanos extranjeros [provenientes de la CEI] o apátridas". Y la Duma de Stavropol decidió introducir un régimen de visas, un cupo de extranjeros autorizados a permanecer en el territorio y, para éstos, un período de siete años de prueba para obtener el derecho de adquirir tierras o participar en la privatización.

He aquí una ley que defiende nuestros intereses de la manera más razonable que se pueda imaginar. Pero la Dirección General de Asuntos Jurídicos (Glavnoie Pravovoie Upravlenie) de la presidencia rusa (cuya sigla en los documentos oficiales es –insensibilidad reveladora– GPU) vetó esta ley territorial: "*No se respetan los derechos de los inmigrantes*", nuestro honor internacionalista es objeto de escarnio. A partir de ahora los rusos que huyen de los países de la CEI y los extranjeros se encuentran jurídicamente en pie de igualdad; por comodidad se califica a todos de "migrantes" y se les aplica la misma ley.

Estalla la guerra civil en Tadzhikistán: los tadzhikos huyen hacia Rusia. Armenia y Azerbaidzhán entran en conflicto por el Alto Karabaj: armenios, azerbaidzhanos, azerbaidzhanos de Erevan se precipitan hacia los grandes espacios rusos. Y cuántos tienen dinero, y cómo se ayudan dentro de sus grupos étnicos.

Cabe agregar que Kozirev, nuestro obsecuente ministro de Relaciones Exteriores, se apresuró –siempre el honor internacionalista– a firmar en 1992 la Convención Internacional sobre los Derechos de los Refugiados. Con ello Rusia perdió la facultad de expulsar de su territorio a los inmigrantes africanos o asiáticos (eran más de medio millón) que, tratando de llegar a Europa y por medio de sobornos a nuestros funcionarios de las embajadas, pudieron aterrizar en cualquiera de nuestros aeropuertos o atravesar nuestras fronteras. En lo sucesivo, de acuerdo con la convención de Ginebra, Rusia se ha convertido para ellos en el "país del primer asilo" y tenemos la obligación de alojarlos y mantenerlos: otros países adonde querían llegar ya no los aceptarán. En la sola región de Moscú, en 1997 se habían concentrado 400 mil migrantes de diversos países.

Todos los países occidentales padecen esta inmigración masiva: es una característica de nuestra época.

XII. La tragedia eslava

Soy un adversario resuelto del "paneslavismo": esta ambición siempre superó las fuerzas de Rusia. Jamás aprobé nuestra preocupación por el destino de los eslavos occidentales (la anexión de Polonia fue un grave error de Alejandro I; en cuanto a los checos, están demasiado alejados de nosotros) o del Sur, que pagaron nuestra protección y sacrificios con ingratitud, como en Bulgaria, o nos arrastraron a una guerra innecesaria para nosotros, pero de consecuencias funestas, como la de Serbia.

En cambio, experimento una profunda amargura ante la división artificial de la parte oriental del mundo eslavo. Son muchos millones de vínculos familiares, de parentesco o de amistad cortados de golpe por la desidia y la negligencia de nuestra nueva y democrática dirección. Pero también por la pasividad resignada que caracteriza hoy a nuestro pueblo: tanto a los 12 millones de rusos que viven en Ucrania como a aquellos, *el doble de numerosos*, que declararon en el último censo (1989) que su lengua materna era el ruso. Se dejaron convencer con excesiva facilidad de que al separarse de Rusia vivirían mejor, que "el salchichón será más barato".

Apenas se constituyó el Estado ucraniano, para estrechar las filas políticas empezaron a agitar el espectro de una presunta amenaza militar rusa. Cuando comenzó a conformarse el ejército ucraniano, se exigió a los oficiales que prestaban juramento que demostraran especial disposición para pelear contra Rusia. Era tal su necesidad de sentirse militarmente *amenazados* (era necesario fortalecer una "conciencia nacional ucraniana" aún difusa) que cuando Rusia declaró su intención de vender su petróleo a precios del mercado mundial, Ucrania elevó la voz: "¡¡Es la guerra!!" (Kuchma en 1993: "Ninguna economía podría sostenerse si tuviera que pagar el petróleo al precio mundial".)

Durante el período 1992-1998, no hubo una sola ronda de negociaciones ruso-ucranianas en las que la parte ucraniana no tomara la delantera; olvidadas las garantías de Kravchuk* en Belovezh sobre la "transparencia de las fronteras" y la "unión indisoluble de Rusia y Ucrania", primó desde entonces la oposición permanente y sistemática de Ucrania a Rusia tanto en la CEI como en la arena internacional. Paso a paso, la parte rusa cede terreno. En lo económico, no deja de ceder (aun hoy) con la esperanza de ablandar la intransigencia de los ucranianos. Sacrificó a los comandantes de la flota del Mar Negro, los inflexibles almirantes Kasotonov y Baltin. Después del enésimo retroceso escuchamos (9 de junio de 1995): "¡Felicito a Ucrania, a Rusia y al mundo entero!" Felicitar a Ucrania, desde luego; al mundo, sin duda; pero a Rusia, ¿por qué? Ucrania no disimula sus intenciones de expulsarnos del Mar Negro. Y la sucesión reciente de "encuentros informales" (una forma de diplomacia que nos devuelve a la era feudal) sólo sirvió para acrecentar nuestras concesiones.

Durante los años cincuenta, en los campos donde estuve detenido, conocí a muchos nacionalistas ucranianos y creí comprender que nos unía una oposición sincera al comunismo (en esa época nunca los oí pronunciar la palabra *moscales**). En la década de 1970, en Estados Unidos y Canadá, donde la colonia de emigrados ucranianos era tan poderosa, yo les preguntaba ingenuamente por qué no decían ni hacían nada contra el comunismo pero en cambio eran tan duros con Rusia. Efectivamente, era ingenuo, porque sólo muchos años después me enteré de que la infame ley norteamericana "sobre los pueblos oprimidos" (1986-1990) apuntaba contra los *rusos* y que fueron los nacionalistas ucranianos (el *congressman* L. Dobrianski) los que sugirieron su redacción al Congreso.

A medida que pasaba el tiempo, la ideología de los nacionalistas ucranianos era dominada más y más por concepciones y consignas descabelladas. Así, nos enteramos de que Ucrania era una "supernación", ¡con un pasado tan milenario que no sólo San Vladimiro era ucraniano sino también, aparentemente, Homero!

Esta clase de bufonadas inspira a los autores de los nuevos manuales escolares ucranianos, porque si bien los nacionalistas son una pequeña minoría, se trata de imponer su ideología en todo el pueblo. No sólo "Ucrania para los ucranianos" –lo que no ponemos en tela de juicio, aunque en el país viven decenas de pueblos diferentes–, sino también "¡La Rusia de Kiev* hasta los Urales!". Se dice que los rusos no son eslavos sino un "híbrido finlandés mongol". En Odessa se fundó un Instituto de Geopolítica Nacional con el nombre de Yuri Lipa, autor de *La partición de Rusia*, que en 1941 desarrollaba el siguiente programa: "No se puede vencer a Rusia si no es mediante la alianza de Ucrania con el Cáucaso y Transcaucasia". Con ese espíritu, en 1992 los nacionalistas ucranianos festejaron el aniversario de la división SS "Galitzia" (sin que ello provocara la menor queja ni indignación en Estados Unidos). En una de sus conferencias, en 1990, se dijo: "¡Profesamos el culto de la fuerza, la fuerza es todo!" Por eso la Asamblea Nacional Ucraniana (UNA) se dotó de una fuerza de choque (UNSO*) y una divisa: "La UNA al poder, la UNSO al ataque!" Y en el Congreso de 1994 se acordó: "Apoyar el separatismo regional de Rusia para favorecer su desintegración".[1]

Esta posición antirrusa de Ucrania es la que más conviene a Estados Unidos. Los gobiernos, tanto el de Kravchuk como el de Kuchma, le hacen coro a los americanos, que quieren debilitar a Rusia. Así se llegó rápidamente a las "relaciones privilegiadas entre Ucrania y la OTAN" y las operaciones de la flota americana en el Mar Negro (1997). Uno no puede sino recordar el plan inmortal de Parvus* en 1915: utilizar el separatismo ucraniano para desmembrar a Rusia.

Esta disgregación que alegra al mundo político contemporáneo tendrá consecuencias tan dolorosas como duraderas para los tres pueblos eslavos. En cuanto a los buenos sentimientos que el Occidente lejano, muy lejano, manifiesta hacia Ucrania, se trata de un cálculo táctico y durarán en tanto se los considere útiles.

Desgraciadamente, los nacionalistas de Ucrania occidental, separados durante siglos del resto del país, aprovecharon la confusión que reinó en 1991 y la indecisión de las autoridades ucranianas, ansiosas de lavarse la mancha vergonzosa del comunismo mediante posiciones antirrusas extremas, para definir los contornos de una orientación histórica equivocada e imponerla a Ucrania: no limitarse a la independencia y al desarrollo normal del Estado y la cultura en sus dimensiones étnicas naturales sino acaparar cada vez más territorios y poblaciones para darse aires de "gran potencia", acaso la más grande de Europa. Y la nueva Ucrania, al despojarse de la herencia jurídica soviética, sólo recibió este obsequio: ¡las fronteras artificiales trazadas por Lenin! (Cuando Jmelnitski unió Ucrania a Rusia, su territorio no representaba ni la quinta parte del actual.)

[1] *Argumenty i fakti* [*Argumentos y hechos*], 26 de junio de 1994.

Dios ayude a Ucrania a salir adelante por el camino de la independencia. Pero el error que afectará el curso de los acontecimientos es precisamente este acaparamiento excesivo de tierras que *jamás* pertenecieron a Ucrania antes de Lenin: dos regiones del Don, toda la franja meridional de Nueva Rusia (Melitopol-Jerson-Odessa) y Crimea. (Haber aceptado ese regalo de Jruschov revelaba, en el mejor de los casos, mala fe; pero la anexión de Sebastopol, a pesar –ni hablemos de los rusos que cayeron ahí– de los documentos jurídicos soviéticos, es *piratería de Estado*.) Este error estratégico en la elección de una política de Estado constituirá una traba permanente para el desarrollo sano de Ucrania; este error psicológico inicial tendrá necesariamente consecuencias nefastas: unión artificial de las provincias orientales y occidentales de Ucrania en dos (y ahora tres) divisiones religiosas, lucha encarnizada contra el idioma ruso que el 63% de la población considera su lengua materna. ¡Cuántos esfuerzos despreciables y vanos para colmar esas brechas! Como dice el proverbio: *Quien mucho abarca, poco aprieta.*

¿Cuántas décadas se necesitarán para elevar la cultura ucraniana al nivel internacional? ¿A un nivel tal que los sabios ucranianos no se verán forzados a escribir sus trabajos en ruso si quieren que los traduzcan a otros idiomas?

Justamente porque abrigo sentimientos fraternos hacia los ucranianos, porque los amo, no deseo para ellos un porvenir de "gran potencia", como no lo deseo para Rusia. (El "poderoso" Kazajstán también va a chocar con esa clase de obstáculo cultural.)

A partir de ahora las autoridades ucranianas han optado por combatir la lengua rusa. No sólo se niegan a aceptarla como segunda lengua oficial del Estado sino que hacen grandes esfuerzos para suprimir su empleo en la radio, la televisión y la prensa escrita. Se ha decuplicado el precio de las suscripciones a los periódicos rusos. Se ha vuelto común el despido por dominio insuficiente de la lengua ucraniana. En la universidad todo se hace en ucraniano, desde el examen de ingreso hasta el diploma, y si falta la terminología científica, hay que arreglárselas. Se excluye el ruso de los programas escolares o bien se lo reduce a una lengua "extranjera" optativa; se suprimió el estudio de la historia de Rusia; los programas de literatura prácticamente desconocen los clásicos rusos. Se habla de la "agresión lingüística rusa" y se acusa a los ucranianos rusificados de ser una "quinta columna". En síntesis, no se trata de elevar metódicamente el nivel de la cultura ucraniana sino de ahogar la cultura rusa. Se ha llegado a renegar de la propia lengua: escribir el ucraniano en caracteres latinos es mofarse de la historia de Ucrania.

La Iglesia Ortodoxa ucraniana, que permanece fiel al patriarcado de Moscú y abarca el 70% de los fieles, es objeto de presiones incesantes.

En la Ucrania actual no se puede decir una palabra a propósito de una organización federativa, la misma que adoptó Rusia con tanta generosidad como falta de reflexión: enseguida aparece el espectro de la autonomía de Crimea o el Donbass. (En cuanto a los rutenos de la Transcarpacia y sus raíces rusas, nadie recuerda su existencia.) Sin esa empresa sangrienta que fue la guerra de Chechenia, en los años en que estallaron graves crisis en Crimea, tal vez (¿tal vez?) Moscú hubiera tenido suficiente valor y fuerza para apoyar las reivindicaciones legítimas de los habitantes (el 80% de los cuales votaron por la independencia de la cuasi isla); pero el problema checheno impuso silencio a Rusia, que así traicionó las esperanzas de Crimea. (Declaración de la UNSO: "¡Crimea será ucraniana o quedará despoblada!" Durante esa época los militantes nacionalistas partían con entusiasmo a combatir junto con los chechenos; actualmente abogan por un monumento a Dudaev* e incluso a Basaev en vida.)

¡Cuántos rusos se indignaron y horrorizaron por el abandono de Crimea en un lapso de 24 horas, sin discusión ni protesta por parte de nuestra débil diplomacia; porque se la traiciona en cada conflicto; por la entrega de Sebastopol, joya de las glorias militares rusas, sin la menor objeción ni gestión política! El gobierno que elegimos perpetró esas acciones perversas, pero nosotros, los *ciudadanos*, no supimos reaccionar a tiempo. Y en lo sucesivo, por un largo período, hasta donde se alcanza a prever el futuro, las próximas generaciones deberán resignarse a esa situación de hecho.

No, no imitaremos a los nacionalistas ucranianos en sus amenazas histéricas y su odio. Cuidémonos de responder a la propaganda incendiaria contra los *moscales*. Debemos tomarlo como una forma de enfermedad del alma y esperar a ver qué sucede. Por nuestra parte, nada de amenazas vanas: ¡es lo que esperan! El paso del Tiempo, el curso poderoso y caprichoso de la Historia los devolverá a la razón. Y por más que nos maldigan no apartarán nuestros corazones de Kiev la Santa, la cuna de los grandes rusos, donde la lengua rusa no ha muerto ni morirá jamás. Reconfortémonos con la idea de que los tres países eslavos son uno. "¡Y vosotros, ucranianos y bielorrusos, sois de todas maneras nuestros hermanos!" Es necesario proponer generosamente a Ucrania un "intercambio cultural" intenso. (¿Que los nacionalistas lo rechazarán? Con ello demostrarán que la lengua y la cultura rusas son más peligrosas para su "gran potencia" que todos los misiles del mundo.)

Armémonos de paciencia y veamos cuál de los tres países logrará el bienestar de su pueblo. Para cada uno el camino será largo y difícil, sembrado de obstáculos; y por el momento no se ve adónde conduce.

No obstante, pasan los años. Para los jóvenes, cada año representa toda una época. ¿Cuál es la perspectiva para los jóvenes rusos de Ucrania? ¿Rusia? Rusia no los ayuda ni los ayudará. ¿Deben someterse? ¿Aceptar el cambio de lengua y de nacionalidad? Pensar en ellos enferma el corazón. (No obstante, ciertas familias rusas en Ucrania, personas sencillas, tienen motivos para alegrarse: sus hijos no irán a combatir en Chechenia.)

*

La reunificación de Bielorrusia con Rusia, que se perfila en el horizonte, será una feliz prolongación de la tradición histórica de los eslavos del Este. Pero se advierte que ciertas grandes potencias quieren impedirla y ejercerán presiones políticas, propagandísticas y financieras. En cuanto a la prensa rusa unánime, se ha pronunciado con ferocidad casi obscena contra los primeros atisbos de unión. Nos ha calentado las orejas con los *atentados contra los derechos humanos en Bielorrusia*, pero no ha dicho una palabra sobre los que se perpetran en Ucrania y sobre todo en Kazajstán; además, sería hora de mirarnos al espejo: ¿se puede decir que millones de ciudadanos rusos gozan de derechos auténticos?

Además, esta reunificación chocará (aparte de los conflictos personales por ocupar los puestos clave) con el obstáculo que representa la actual estructura federativa de Rusia, que complica singularmente la creación de una federación en dos etapas.

Cuando se quiere hacer un injerto, conviene dejar de lado el hacha.

XIII. En Chechenia

En nuestro país pocos recuerdan -la mayoría jamás supo- que los chechenos apoyaron a los bolcheviques durante la guerra civil y masacraron a los cosacos. Para recompensar a los primeros y castigar a estos últimos, a principios de los años veinte Dzerzhinski* ordenó la deportación masiva de los cosacos del distrito de Sunzha y el curso medio del Terek (orilla derecha), y la entrega de esos territorios a los chechenos. (Es verdad que poco después, cuando se consolidó el régimen soviético, ellos se sublevaron a su vez.) En 1929, la ciudad de Grozny, poblada casi totalmente por rusos y perteneciente hasta entonces al territorio de la Norcaucasia, fue anexada a Chechenia. Pero en 1942, ante la cercanía de las tropas hitlerianas, los chechenos ingushes se sublevaron para apoyarlas y fue por eso que finalmente Stalin ordenó su deportación. En 1957, Jruschov concedió a los chechenos que habían regresado a su tierra la orilla izquierda del Terek, en tanto muchos rusos seguían ocupando la estepa de la margen derecha. (De acuerdo con el censo de 1989, Chechenia estaba poblada por 700 mil chechenos y 500 mil no chechenos.)

Los pogromos, saqueos y masacres de las poblaciones no chechenas comenzaron en la primavera de 1991 (sin provocar la reacción de Moscú). Los líderes y jefes de los grupos armados chechenos no dejaron de aprovechar el derrumbe del Estado soviético en el otoño boreal de 1991. Dudaev tomó el poder y proclamó la independencia de Chechenia, antigua aspiración secreta de sus habitantes. Tomados por sorpresa, incapaces de analizar la situación en su perspectiva histórica, los dirigentes rusos reaccionaron impulsivamente con la imposición de la ley marcial en la región; incapaces de hacerla respetar, la levantaron dos o tres días después, lo cual los hizo quedar en ridículo. Ya se plantea un primer interrogante con respecto a los tres años de estancamiento que sobrevendrían: el mando militar ruso cedió a la Chechenia autoproclamada una enorme cantidad de armamentos, incluso aviones.

Conocí bien a los chechenos en Kazajstán, adonde me deportaron en los años cincuenta: de temperamento inflexible y ardiente, no soportan forma alguna de sumisión, son combatientes hábiles e ingeniosos. Desde los primeros días del conflicto (1991) era evidente que para una Rusia desestabilizada, atravesada por numerosas corrientes políticas, sociales y nacionales, el enfrentamiento militar con Chechenia no dejaría de provocar graves dificultades; más aun, me pareció que el proyecto de *pacificar* Chechenia carecía de perspectivas políticas. En mi opinión, la solución razonable consistía en *reconocer* inmediatamente la independencia chechena; separar esa rama del tronco de Rusia, darle la oportunidad de conocer la experiencia de ser independiente, pero a la vez aislarse de ella por medio de una frontera sólida vigilada por el ejército, conservando, naturalmente, la margen izquierda del Terek. Lo que era verdad en el siglo XIX, es aun más evidente hoy: para los chechenos, las incursiones para tomar rehenes, esclavos y ganado son una forma de *producción*, dada la debilidad de su economía. Había que tomar medidas para recibir a los rusos deseosos de abandonar Chechenia. En cuanto a los inmigrantes chechenos en Rusia, unas 100 mil personas que se dedican a transacciones criminales en todo el país, había que declararlos extranjeros y exigir que demostraran la utilidad de su trabajo o bien se fueran inmediatamente. (Así se lo propuse al presidente Ieltsin en junio de 1992, durante la conversación telefónica que mantuvimos entre Washington y Vermont* y que no tuvo consecuencias. En vano repetí mi propuesta varias veces a la prensa y la televisión rusas.)

No obstante, Chechenia se había separado y durante tres años largos Rusia no hizo nada. En las altas esferas de Moscú, poderosos y secretos intereses habían dictado la conducta a seguir: "Hacer como si no ocurriera nada". El petróleo de Tiumen fluía en grandes cantidades a las refinerías de Grozny sin aportarle nada a Rusia, ya que nadie sabía adónde iban las ganancias ni quién se las repartía. El Estado otorgaba subvenciones a Chechenia, se mantenían los vínculos económicos y las comunicaciones.

En Chechenia misma reinaba el terror en las poblaciones no chechenas, particularmente entre los rusos. Éstos eran insultados sin razón, humillados, despojados de sus bienes, desalojados de sus viviendas y tierras, masacrados, defenestrados; las mujeres eran violadas, secuestradas, al igual que los hombres e, incluso, los niños, que eran arrebatados de las guarderías; muchos desaparecieron sin dejar rastros. "¡Fuera los rusos!" Se elevaron quejas y gritos, algunos viajaron a Rusia para pedir ayuda a las autoridades competentes: durante tres largos años, éstas no movieron un dedo. Nadie recibió protección administrativa o jurídica. Ni una palabra en la prensa rusa sobre la suerte de medio millón de no chechenos, ni una palabra en la prensa ahora libre... ¡en tres años! La televisión rusa jamás mostró escenas desgarradoras ni cadáveres... ¡durante tres años! Y en ese lapso los ilustres "defensores de los derechos humanos" demostraron la mayor quietud, hicieron gala de la sangre fría de los medios cultos. En esos años no vi un solo artículo en la prensa rusa que denunciara que en los primeros seis meses del régimen de Dudaev *uno de cada tres habitantes* –no chechenos, se entiende– fue víctima de la violencia.[1] Fue una *purificación étnica*, como se dice hoy, pero la de Bosnia fue conocida por el mundo entero; la de Chechenia... por nadie. Ni por la ONU ni por la CSCE ni por el Consejo Europeo.

Así como no se explica la inacción del gobierno ruso hasta diciembre de 1994, tampoco se justifica el viraje repentino que significó la guerra contra Chechenia.

A continuación, nuestros generales en lo militar y nuestros gobernantes en lo político se disputaron la palma de la incompetencia a costa de miles y miles de vidas. ¿Pero se puede atribuir a la sola incompetencia la inversión de sumas colosales en los *trabajos de reconstrucción* en Chechenia, en el teatro de operaciones militares y en plena guerra? También se produjo la comedia de la elección mediante *sufragio universal* de una dirección teledirigida por Moscú, un escrutinio tan claramente fraudulento que hasta nuestro olfato fuertemente puesto a prueba durante el período soviético percibió el olor. (Más adelante, una vez perdida la guerra, se dejó de lado todo ese "poder popular" sin mayor explicación.)

La lista de acciones criminales perpetradas por las autoridades rusas durante la guerra es infinita y todas se pagaron con víctimas inocente. La más reveladora e incomprensible se cometió después del asalto terrorista de Basaev a Budiónnovsk en junio de 1995: no sólo se liberó a la banda de terroristas sino que inmediatamente se entregó de buen grado a los chechenos la casi totalidad del territorio tomado en seis meses de guerra, lo cual equivalía a volver a cero.

---

[1] *Express jronika* [*Crónica exprés*], 28 de julio de 1992.

El gobierno –y un sector nada despreciable de la opinión pública– justificó esta guerra sucia con la necesidad de "conservar la unidad de Rusia"; "de lo contrario, el Cáucaso entero se unirá a la secesión" y "Rusia se desintegrará". Era un razonamiento apresurado que
no tenía en cuenta las características peculiares del conflicto. Pero
en el momento mismo en que se libraba la guerra de Chechenia,
nuestro gobierno multiplicaba las acciones en otros terrenos o bien
desperdiciaba las oportunidades para actuar y de esa manera contri-
buía irremediablemente a la disgregación de Rusia. ¿Cómo conservar
Chechenia después de entregar el Mar Negro y Crimea?

Renunciar a Chechenia era amputar un miembro enfermo: Rusia
hubiera resultado saneada y fortalecida. En cambio, la sucesión de derrotas militares redujo a Rusia a la nada y provocó el desdén del mundo entero: fue la mejor manera de llevar todo el país a la ruina.

Más aun: ¿hubiéramos podido poner fin a esa guerra sin el general
Lebed? Reinaba la impresión de que en Rusia no había voluntad ni inteligencia política y que la carnicería duraría aún uno o dos años más.
Si se enviaba a Lebed era para que se rompiera los dientes en esa operación imposible; y él tomó la decisión de firmar el acta de capitulación de una guerra que no deseaba y que él no había perdido. Ellos
son culpables de todo; él es culpable de haber creído –en la precipitación del armisticio o con la esperanza de que el vencedor checheno se mostrase magnánimo– o fingido creer en la garantía de desar-
me de los combatientes chechenos puesta como condición para el
retiro de las tropas rusas; también es culpable de no haber exigido la
liberación de un millar de prisioneros de los nuestros de las mazmo-
rras y las cadenas, sumando otra mancha indeleble al honor ruso.

Como digno broche de esta campaña militar, para satisfacer el orgullo del pueblo que nos había vencido (y que se separaba de nosotros), el presidente ordenó echar de Grozny a dos brigadas nuestras
de su guarnición permanente, ¡y lo hizo en pleno invierno! Una de
ellas fue enviada a la estepa barrida por la nieve y el viento helado;
no hubo compasión para nuestros soldados. (Esta brigada fue disuel-
ta en la primavera siguiente.)

Entonces se estrechó cordialmente la mano de quien poco antes
amenazaba emplear el arma nuclear contra Moscú, transformarla en
"zona de desastre", imponer el reino del terror en toda red ferrovia-

ria de Rusia, que "no tenía derecho a existir" porque "todo el pueblo ruso es bestial".

¿Qué suerte corrió la población rusa de Chechenia durante la guerra? Concentrada principalmente en Grozny, a diferencia de muchos chechenos, no contaba con medios de transporte ni recursos para huir a tiempo de la ciudad. He aquí un párrafo de una petición redactada en la primavera de 1995 por la comunidad rusa de Grozny: "Los rusos sufren el fuego de Dudaev y del ejército ruso. En Grozny no hay una calle, callejón, parque, plaza o barrio donde no hayan muerto rusos". Sin embargo, los periódicos y la televisión sólo hablaban de las bajas chechenas. Tenían razón los demócratas al exclamar: "¡No se pueden sacrificar vidas humanas en nombre del respeto a la Constitución!" Pero es extraño que no oyéramos esos argumentos ni el 4 de octubre de 1993 ni a propósito de los rusos muertos en Chechenia.

Después de la capitulación, tanto el gobierno como la opinión pública se olvidaron de los rusos de Chechenia, condenando a 40 mil personas a un lento genocidio. Ellas escriben con desesperación: "Rusia nos olvidó. ¡Ayúdennos a partir! Masacran a familias enteras de sobrevivientes de la guerra, se llevan sus cadáveres sin decir adónde. No se pagan las jubilaciones: 'Ese dinero es para la reconstrucción de la ciudad'". Queremos ignorar que en esa Chechenia con la que vamos a firmar la paz se compran y se venden *esclavos* rusos, y que, naturalmente, las autoridades locales no intervienen.

Pero eso no es todo: para las autoridades rusas, los 200 o 300 mil compatriotas que pudieron huir de Chechenia, miserables y despojados de todo, para subsistir gracias a los miserables subsidios del Servicio Federal de Migraciones, se convirtieron en un peso excesivo una vez que terminó la guerra. A principios de 1997 se suspendieron los subsidios, se les prohibió la permanencia en los "centros de albergue temporario" y se los invitó a volver a sus casas en Chechenia.

He aquí cómo la Rusia de hoy vuelve la espalda a millones de compatriotas. Y esto aún no ha terminado.

Finalizadas las operaciones militares, la actitud de nuestras autoridades asombró al mundo por su ceguera, su incompetencia, incluso su ruindad. Así que se acordó la escala de una hora en el aeropuerto de Grozny y también un proyecto de delimitación que otorgaba ventajas exorbitantes a Chechenia; se habló de concederle la "soberanía nacional", pero entonces, ¿para qué se derramó toda esa sangre durante dos años? "Porque así preservamos un espacio económico común": ¿Significa entonces que los chechenos seguirán como parásitos en el cuerpo de Rusia con sus transacciones criminales? Tras un encuentro cordial en el Kremlin, se oyó la siguiente declaración: "Chechenia puede convertirse en un aliado estratégico...". ¡Vaya descubrimiento! En veinticuatro horas expulsaron de la región autónoma "rusa" a nuestra "representación" (¿embajada?), pero nuestras autoridades no dijeron ni una palabra: en sus relaciones con Chechenia superaron todos los límites de la humillación.

¿Y qué hace Chechenia? Busca abiertamente aliarse con Turquía, con el mundo musulmán, con cualquiera menos con Rusia, y si no se apresura demasiado es porque aún espera de nosotros algunos miles de millones de dólares.

Chechenia está en proceso de separarse de Rusia: lo hace abierta, deliberada, metódicamente, sumando a su territorio las tierras cosacas del Terek. Este río ya no marcará la frontera porque hemos retrocedido hasta la estepa de Stavropol: nuestros dirigentes han sacrificado la integridad y la seguridad de toda la región. Cada noche los saqueadores chechenos cruzan fácilmente esta frontera artificial sin vigilancia, atacan las poblaciones limítrofes, roban ganado; los cosacos reclaman armas a gritos, no confían en las autoridades, quieren defenderse ellos mismos, así como los habitantes del vecino Daguestán quieren defenderse de sus hermanos caucásicos de Chechenia, de su violencia y destrucción.

A las autoridades rusas sólo les queda rumiar su impotencia. Y a los "demócratas" acérrimos les conviene callar. Tal como los servicios diplomáticos internacionales, sólo pueden pagar rescate por sus rehenes.

Tal es la despreciable culminación de una guerra criminal.

XIV. Los otros marginados

Los campos

TAMBIÉN son abandonados, son los marginados de la Nueva Rusia.

Stalin llevó a cabo la colectivización. Se conocen los resultados: desbarajuste en el campo, privado de 15 millones de los mejores campesinos, sumidos en la apatía. Pero nuestro pueblo es fuerte y supo mal o bien asimilar el golpe, incluso durante la guerra con los alemanes. Recordémoslo: Jruschov resolvió entonces "agrupar los koljoses", lo cual consistía en reunir diez de esas granjas colectivas en una. Esto tuvo como consecuencia la despersonalización del trabajo, la generalización de la holgazanería (y para colmo el cultivo de maíz de mala calidad en las praderas más fértiles). Y no olvidemos que Brezhnev ordenó "liquidar las explotaciones que no ofrecían perspectivas"; se abandonaron vastas tierras fértiles en el norte de Rusia (lo que se compensaría con el desmonte de tierras vírgenes en Kazajstán, una idea de Jruschov) y cientos de miles de campesinos quedaron en la ruina.

Y ahora, el desenfreno de las *reformas* imbéciles no podía dejar de extenderse al campo. ¿Se tomaron la molestia de analizar históricamente el problema? ¿Buscaron soluciones creativas? ¿Se hizo alguna consulta popular? ¡Claro que no! Se elaboraron rápidamente unas cuantas consignas, sin reflexionar ni prever la manera de financiar el proceso, y luego, absortos en el dudoso rendimiento de los bancos nacientes, el reparto de la torta industrial, la profusión indiscriminada de productos alimenticios importados, los amos de nuestros destinos dejaron de mirar hacia el campo.

Entre las consignas tomadas de prisa y copiadas de otros países, hubo una en la época de Gorbachov que llamaba a la introducción inmediata del arrendamiento. Como siempre aparecieron oportunistas para realizar una gran campaña a favor de la adopción del sistema: tantos agricultores por región, por distrito, tal porcentaje, etcétera, y se lanzaron a poner eso en pie con el mayor alboroto. Es inútil repetir aquí los detalles de esa dolorosa desgracia, relatados ampliamente por la prensa: usura estatal al 213% anual, mentiras de la administración, corrupción, trámites burocráticos interminables, trabajo sin rentabilidad y, como resultado, la ruina de los incautos que osaron lanzarse a esos emprendimientos.

Los decretos caían como latigazos, tal como sucedió habitualmente durante setenta años. El primero, el 27 de diciembre de 1991, cuando el asunto estaba en sus comienzos, ordenaba la venta inmediata de las tierras por medio de licitaciones. Gracias a Dios y a nuestra inercia la medida fue enterrada rápidamente.

Poco después (1992) nuestro flamante gobierno democrático promulgó una directiva: proceder con toda urgencia, en cuestión de semanas, antes de la siembra de primavera, a la privatización de koljoses y sovjoses, convertirlos en propiedad de los trabajadores. Dicho y hecho: se cambiaron las placas en las puertas de directores y presidentes, que a partir de entonces pasaban a ser "presidente de sociedad anónima" o "gerente de la empresa"; se reunió una vez más a los koljosianos para decirles que se habían convertido en respetables propietarios, cada uno con derecho a tantas hectáreas de tierra (¿pero qué tierra?, ¿dónde?, ¿repartida de qué manera?). Y todo quedó como hasta entonces, salvo que aparecieron los barones de la agricultura: fijaron para sí dominios en las mejores tierras, hicieron tasar sus bienes según precios que no se modificaban desde 1985, se liberaron de la tutela de los comités de distrito. Y el mundo occidental aplaudió la celeridad de nuestra privatización.

Pero nuestros campos aun darían un paso más hacia el derrumbe. El aumento vertiginoso de los precios privó de sentido a la producción de leche (hasta el punto de que se la derramaba), la carne y el trigo: no se cubría el precio del combustible y la producción se vendía a precio vil por falta de un sistema organizado de compras mayoristas. La reacción no se hizo esperar: se empezó a sacrificar masivamente el ganado mayor. En 1991 el número de cabezas de ganado bovino se redujo a la mitad, una catástrofe de la cual no nos recuperaremos en diez años. Y si la ferocidad de la colectivización provocó la pérdida de 16,2 millones de cabezas de ganado, después de las "reformas" de 1992-1996 esa pérdida alcanzó los 19,6 millones.[1] Las superficies cultivadas disminuyen sin cesar, los campos se cubren de maleza, faltan recursos para combatirlas, el parque de maquinaria agrícola está en ruinas, cada año los cereales y las legumbres se pudren en los campos porque nadie los cosecha. Hay cada vez más campos abandonados, miles de hectáreas de tierra que, por añadidura, fueron abonadas con fertilizantes químicos y apisonadas con tractores pesados: no hay más semillas ni trabajadores, y además, *¿para qué sembrar?* No tiene sentido. No hay ayuda del Estado para mantener la producción de lino, esa riqueza rusa. Por falta de cuidados los bosques se cubren de maleza. Y se necesita mucho más tiempo para reparar los estragos que para causarlos.

¿Y qué sucede con los "accionistas" koljosianos? ¿Cuántas veces el poder soviético engañó a los campesinos? Es imposible contarlas. ¿Cuándo cumplió sus promesas? Nunca. En nuestros campos despoblados hay cada vez menos brazos y menos voluntad de trabajar: ¿para qué? Si nadie necesita los productos del campo, sólo queda una cosa por hacer en la vida: beber. Las "empresas por acciones" se mantienen en estado de letargo: el rendimiento es muy inferior a las posibilidades y a cambio se reciben monedas. Cada uno vive de su parcela, merodea por el koljós, roba todo lo que puede y, como siempre, depende de los koljosianos más ricos para obtener un poco de leña para la estufa o alimento para el ganado. Como dice B. Iekimov, un conocedor del mundo rural: "Están injertados en el koljós; arrancarlos de ahí es cortar la carne viva".

En realidad, no se trata de saber qué forma tomará la propiedad de la tierra sino qué recursos materiales (¡e intelectuales!) se invertirán en ella. Para pasar a la pequeña propiedad es necesario reestructurar la industria de la maquinaria agrícola y poner en marcha un sistema de arrendamiento. En Holanda abundan las cooperativas agrarias; en Rusia antes de la revolución las había de todo tipo, incluso cajas de ahorro y préstamo; las pequeñas cooperativas lácteas de Siberia han abastecido a toda Europa con mantequilla de primera calidad. Al transformar las cooperativas en koljós y los *zemstvos* en soviets, los bolcheviques las desnaturalizaron y destruyeron. Por lo demás, la

---

[1] *Obchaia Gazeta* [*Gaceta General*], 13 de noviembre de 1997, p. 3.

agrupación de las explotaciones agrarias que disponen de tecnología de punta es lo más rentable. (Antes de la revolución existía la libre competencia entre diversas formas de producción y propiedad: las estatales, el sistema cooperativo, los *zemstvos*, la grande y pequeña propiedad privada.)

Ahora, en el campo se cierran los edificios públicos, las grandes tiendas y los clubes; hay apenas un teléfono por aldea y a veces ni eso. Se cierran dispensarios y escuelas. En muchas aldeas ya no se oyen risas de niños.

Así vive la *cuarta parte* de nuestra población. Ahora tratan de convencernos de que nuestro país ya no necesita a sus campesinos. Pero al desaparecer éstos, todo nuestro pueblo sufre transformaciones irreversibles.

La suerte de la tierra

No obstante, es extraño: en el momento mismo en que se nos dice que el campesinado se ha vuelto inútil, en que nuestra oligarquía dirigente y sus voceros ideológicos en la prensa y la opinión pública manifiestan la mayor indiferencia por la suerte de los campos y lo que queda de ellos y por las cosechas mismas, se clama, con una insistencia rayana con la furia, por una ley que permita la venta libre de la tierra. ¿Misterio? En absoluto. Toda esa batahola en torno de la libertad irrestricta de comprar tierras no tiene por objeto mejorar la producción agrícola sino encontrar un medio sumamente cómodo de colocar los capitales robados al Estado. ¡Tiemblan de impaciencia ante la idea de tomar en sus manos esos latifundios!

¡Cuánta prisa para exigir la organización inmediata, sin demora, de las licitaciones! Pero ni una palabra sobre el uso que darán a esas tierras: ¡no atentar contra el derecho de propiedad! ¿Y los que viven en esas tierras? Que se las arreglen. Se preparan para echarlos de ahí.

En este caso se ha logrado hacerlos entrar en razón: las tierras no son todas iguales, hay que empezar por un catastro general, lo cual llevará diez o doce años. Eso impidió que apareciera un ingenioso decreto presidencial: ¡el catastro debía estar terminado en un mes! Como tantos otros, cayó inmediatamente en el olvido.

Dios nos protege: esa ley perversa no fue aprobada. Pero sí existe la venta de tierras en el mercado negro, sobre todo en las cercanías de las grandes ciudades. En ciertas regiones autónomas ya están inventando otra perversión: sólo tendrán derecho a la propiedad de la tierra los representantes de la nación titular.

Pero antes de abordar con tanto frenesí el problema de la *venta* de las tierras agrícolas, ¿no convendría preguntar de dónde las obtuvo el Estado? Todas esas tierras fueron robadas a los campesinos. Entonces, antes de desgañitarse a propósito de la *venta* de las tierras, habría que arbitrar los medios para *restituirlas* a los campesinos: a los koljosianos-sovjosianos despojados durante la colectivización, pero también, e incluso antes, a los descendientes de las víctimas de la deskulakización. En muchas localidades se presentan a pedir la devolución de la parcela que perteneció a su abuelo o bisabuelo. (Se les responde: "¡Traiga las pruebas escritas de la confiscación!" ¡Como si en esa época se hubiesen entregado comprobantes de deskulakización! Pero la gente del campo recuerda.) Sería justicia y conduciría a la *rehabilitación del campesinado*.

Y si no lo hacemos, somos un Estado pirata.

Lo mejor será comenzar por conocer las opiniones de agrónomos, especialistas en mejoras y los propios campesinos. Me esforcé por hacerlo durante mis viajes a través de Rusia. Todas las opiniones que recogí apuntan en el mismo sentido y no contradicen la fórmula propuesta por la Cuarta Duma imperial: "Propiedad privada con usufructo ilimitado y transmisión hereditaria". No obstante, el reparto no debe hacerse por medio de ventas a quienes pagarán más por la tierra sino mediante concursos para seleccionar a quienes las utilizarán mejor. Para preservar la salud y la prosperidad de Rusia es necesario que el cambio de propiedad no afecte el uso de las tierras, que debe ser por lo menos tan eficiente y racional como hasta ahora. Se necesitará tiempo y trabajo para poner en marcha un *mecanismo* que deberá funcionar con el apoyo de los bancos agrarios locales.

Es posible crear un sistema de venta definitiva con transmisión hereditaria o uno de arrendamiento; asimismo, hay que tener en cuenta las circunstancias locales. Pero en todo caso un control estricto debe velar porque se administre bien la propiedad y se respete la ecología. Si la protección de la naturaleza no está asegurada o si se agotan los suelos en el lapso de dos o tres años, se cancelará el derecho de posesión y se reembolsarán al comprador tanto el precio de la tierra como las inversiones que hubiera efectuado. Bajo el control de las autoridades locales, la recaudación del impuesto sobre la tierra (que debe aumentar en función de la calidad del terreno y el estado de la parcela) será utilizada exclusivamente para satisfacer necesidades locales. El suelo no lo soporta todo, no es una mercancía cualquiera: requiere atención constante.

Los bosques, los lagos y los pantanos siguen siendo propiedad del Estado y no se los puede vender. (¡Ah, los bosques, los bosques! Ya los están vendiendo con toda rapidez.)

¿Y el agricultor? ¿Su función se reduce a la producción de alimentos? Vive en interacción permanente con la naturaleza y sus ciclos. Este vínculo se profundiza cuando la actividad agrícola está bien organizada. Es necesario escuchar la naturaleza, comprenderla. En la comunión del campesino con la tierra –los manantiales, los arroyos, los ríos, los montes, los bosques– se arraiga la espiritualidad popular. De la tierra brota la fuente inagotable y pura del amor a la Patria. Sobre ella descansa la estabilidad del Estado. Este vínculo profundo que une el alma de un pueblo con su tierra no puede ser una "mercancía" que cotiza en la Bolsa, es tan cara a nosotros como nuestra Patria, nuestra alma.

¿Será cortado este lazo tan valioso, tan profundo? Tal es la amenaza que pesa sobre nosotros.

La suerte de la enseñanza secundaria

He hablado y escrito mucho a propósito de nuestras escuelas; ¿debo insistir aquí? Están abandonadas, sobre todo las rurales. ¡La miseria de las escuelas y de los docentes! Millones de adolescentes expulsados antes de recibir una formación secundaria completa. La danza de los programas escolares, los manuales, los métodos de enseñanza concebidos de cualquier manera, sólo han logrado destruir todo un sistema coherente de conocimientos. ¿La gran reforma escolar anunciada en 1997? Degeneró en un híbrido jurídico financiero: ¿cómo hacer para que las escuelas se financien principalmente por sí mismas? En cuanto a la participación del Estado, se verá si queda algo en las arcas.

Así, nuestros hijos son los más marginados, los más irremediablemente marginados.

XV. El ejército y su derrota sin guerra

Se ha dicho, escrito y publicado mucho sobre este asunto. Abundan las señales de alerta, y son aterradoras: sucesivas explosiones en depósitos de municiones mal vigilados no pueden deberse a la casualidad. Muertes inexplicables, centinelas muertos por soldados de su mismo regimiento, son hechos sin precedentes en la historia militar de los países.

Desde luego, la erosión de nuestro ejército comenzó mucho antes como consecuencia de la putrefacción generalizada del régimen comunista. Ante el deterioro de su situación material, los oficiales empezaron a ocuparse cada vez más de las necesidades de sus familias y a prestar menos atención a lo que sucedía en el cuartel. Entre la tropa, el sentimiento de solidaridad en el combate, que une a los soldados más que ninguna otra cosa, era un recuerdo lejano; el egoísmo y la rudeza de las costumbres, ya generalizados en todo el país, se manifestaban aquí bajo la forma de una mentalidad de truhanes que generó la práctica vil, degradante para la dignidad humana, de la *novatada*. Y no era una guerra insensata como la de Afganistán la que podía purificar la atmósfera peligrosamente alborotada que reinaba en el ejército. Las altas esferas del poder no se dignaban preocuparse ni tomar conciencia de los males que lo acosaban: *sus* hijitos no corrían peligro de morir en esa farsa; además, parecía que el poder militar del país dependía cada vez menos del estado de sus tropas y solamente del arma nuclear.

Pero entonces el entusiasmo internacionalista cundió en nuestra opinión pública: ¡Hurra, ya no tenemos enemigos sobre la faz de la Tierra! ¡Nadie volverá a atacarnos, ni siquiera a amenazarnos! En cuanto a Estados Unidos, son incapaces de matar una mosca (ni siquiera por causa del petróleo).

A continuación apareció una idea deslumbrante: en lo sucesivo, ¿para qué necesitaremos un ejército, esa fuerza obtusa sobre la cual puede apoyarse la reacción? La prensa desató una campaña desenfrenada: nada hay más abominable que el ejército y todos sus accesorios. Con toda su pasión y poder de persuasión denunció el peso insoportable que significaban esos (entonces) dos millones de hombres para nuestra existencia de hombres libres.

Entre 1985 y 1995 el número de desertores se multiplicó por diez. Las oficinas de reclutamiento se lanzaron a la cacería de los conscriptos rebeldes: se los buscaba en la calle, en sus casas. ("¿Pero un desertor puede ser un buen soldado?") A falta de hombres para cumplir el servicio, se recurría a desequilibrados, a enfermos mentales. (Siendo así, ¿a quién sorprende la muerte de los centinelas?)

Durante mis peregrinaciones pude conocer algunos conscriptos. Me llamó la atención su juventud: eran niños. Ahora los convocan a los dieciocho años, y parecen aun menores: enclenques, desnutridos, el crecimiento interrumpido. Y todos tienen la sensación de haberse *dejado atrapar*; mientras otros se salvan gracias al dinero de sus padres o porque tienen empresas o estudian, ellos están acorralados. (Un oficial me confió: "Hemos vuelto al ejército de obreros y campesinos; ya no hay más gente instruida". Otro recordó los buenos tiempos de antaño: antes, el rechazado por enfermedad sentía vergüenza; ahora es feliz.) Las fotografías de conscriptos publicadas en la prensa revelan la *degeneración física de nuestra nación*.

¿Cómo no comprender a las madres de familia? Un Estado que llama a sus jóvenes a filas naturalmente adquiere el compromiso de tratarlos como a hijos de la Patria, no como a criminales comunes o esclavos. Pero eso que se hace en otros países no ocurre en el nuestro, ni durante el último período del régimen soviético ni ahora. Nuestros dirigentes están tan ocupados con sus altas tareas que no escuchan el clamor de las madres, conscientes de los peligros que amenazan a sus hijos: no es en el campo de batalla sino en el cuartel donde corren el riesgo de ser humillados, golpeados, sometidos a las peores crueldades –incluso la violación–, reducidos a la desesperación y el suicidio. A millones de personas se les hiela la sangre; a nuestros dirigentes, no.

Con un ejército en tal estado había que tener poco corazón e inteligencia política no sólo para enredarse en Chechenia sino también para comprometerse a enviar *contingentes* aquí y allá para reverdecer nuestros laureles de "Gran Potencia".

En mis visitas a los cuarteles supe que ya no hay suboficiales debidamente formados, que faltan tenientes (los oficiales jóvenes abandonan masivamente el ejército), que nueve de cada diez oficiales no tienen alojamiento. No es todo: por falta de pago de sueldos, los oficiales deben trabajar, fuera de sus horas de servicio, como estibadores. Llevados a la desesperación, algunos se suicidan. (Podría escribir un capítulo con cada párrafo.)

Los cuarteles no tienen combustibles para realizar los ejercicios militares ni dinero para alquilar polígonos de tiro ni lugar donde cavar trincheras; por falta de repuestos, remiendan el material durante las horas que deberían dedicar a los ejercicios. ¡Qué falta terrible de preparación! ¡Así se marcha a la anulación de nuestra capacidad de defensa! Mientras tanto, nuestros dirigentes duermen serenamente. Se diría que el ejército sólo existe para proveer mano de obra gratuita o reprimir la agitación popular. (Pero no, para los fines de la represión existe un ejército interno provisto de medios reforzados.)

Varios oficiales me han dicho: "Hoy, el militar es un paria". "La prensa y el parlamento nos cubren de lodo." "Nuestra conciencia nos impide partir. Pero nos hace mal que escupan al ejército." "La televisión y la radio trabajan *contra* el ejército." (¡Ah, nuestra televisión! Me recuerda un viejo dicho: *No sabemos tirar con arco, no conocemos el arcabuz... pero nadie mejor que nosotros para echar un estribillo*.) "Sentimos que se humilla a nuestra nación." "¿Qué nos retiene? Nuestro juramento." "No, nos quedamos por inercia." Un soldado dice: "Servir, ¿pero *en nombre de quién*? ¡Todo el mundo tiene ganas de vivir!"[1]

¿Es necesaria la reforma del ejército? ¡Por supuesto! Más aun, debe ser drástica. Pero en todos estos años, así como al hablar de la economía se repite la palabra "reforma" como un estribillo sin sentido, cuando se trata de reformar el ejército se oye una cacofonía incomprensible. (Cierto es que el presidente despertó algunas esperanzas cuando anunció que se ocuparía personalmente del asunto, ¡como de otros, como de tantos otros!) Un observador agudo, el general Andrei Nikolaev (a quien, desde luego, le agradecieron los servicios prestados), publicó recientemente un análisis en el que demostró de

---

[1] *Obchaia Gazeta* [*Gaceta General*], 27 de febrero de 1997.

manera persuasiva que nuestros dirigentes, aunque hablan de "reformar el ejército" (hasta ahora no han hecho nada, aparte de tomar algunas medidas superficiales), sólo interpretan una comedia, "sin comprender claramente el sentido, la orientación principal ni el resultado final de la reforma del ejército"; se pierden en los detalles sin tratar de captar el problema en su totalidad: cuál es la situación militar a la que el ejército ruso debe responder en la actualidad. Sólo entonces se podrá decidir el contenido mismo de la reforma. El general Nikolaev insiste en la necesidad de distinguir entre una "doctrina de defensa" de carácter general (que no descarta la posibilidad de intervenciones ofensivas) y la *defensa lisa y llana*, sin aditamentos. Su conclusión es acertada: después de tantos años de abandonar *todas* nuestras posiciones en *todo* el mundo, con lo cual Rusia se convirtió en el hazmerreír universal, desgraciadamente sólo nos queda optar por la segunda vía, la del último recurso.

Por otra parte, no se puede emprender una reforma sin medios financieros: ¿dónde buscarlos ahora que no tenemos siquiera el dinero para mantener a nuestro ejército actual, paralizado y deteriorado? Un voluntario le cuesta al presupuesto más que cuatro conscriptos. Y a medida que se reducen los efectivos se vuelven más necesarios los cuadros bien instruidos, que dominen las tecnologías de punta.

Aquellos que sueñan aún con mantener en pie un Estado como el ruso han perdido la razón si creen poder hacerlo sin alimentar a nuestro ejército, fortalecerlo, devolverle su dignidad. Es bien sabido: *Un pueblo que no quiere alimentar a su ejército acabará por alimentar a otro.*

Cuanto más vasto es un país y más numerosa su población, mayor es su necesidad de un ejército fuerte, con generales dispuestos a sacrificarse, no a arrellanarse en las delicias de las comodidades materiales.

*

Un eco más del entusiasmo generado por la *perestroika* fue: ¿qué haremos con el maldito Complejo Militar Industrial? ¡Para eso, ni un centavo! Mala suerte para sus investigaciones, sus casas de estudios, sus proyectos realizados o no: que se las arregle como pueda produciendo cacerolas y rastrillos (en una fábrica de aviones, claro está).

Es eso lo que hizo el gobierno. No hubo dinero ni siquiera para la conversión de un sector esencial.

Se pierde el potencial científico, técnico y tecnológico de la industria de la defensa y asistimos a una fuga masiva de cerebros (a veces al extranjero). Súmese a ello la "privatización" con participación extranjera. Tuvieron que pasar cuatro años, hasta el 2 de octubre de 1995, para que un imprevisto decreto presidencial nos informara que "la recaudación por la venta de activos del Estado de carácter estratégico (!) fue confusa, poco clara" (un asesor del presidente dijo que "la venta tomó el aspecto de una avalancha") y que se introducirían algunas restricciones en lo sucesivo. ¿Pero qué hicieron antes los señores dirigentes? *Agua pasada, no muele molino.*

El presupuesto de las fuerzas nucleares fue reducido a lo estrictamente necesario, y ahora tenemos todas las razones para pensar que en pocos años enmohecerán y desaparecerán por completo.

XVI. ¿Podremos seguir respirando?

EN ESTE FINAL de los años noventa Rusia está reducida a una existencia fantasmal, sin consistencia. Aparentemente vivimos en una república con elecciones y prensa libres, donde los esfuerzos del gobierno apuntan a elevar la producción y desde hace siete años las autoridades libran una guerra encarnizada contra la corrupción en el aparato del Estado y la criminalidad galopante. Sin embargo, dirigentes notoriamente corruptos conservan sus puestos y a los asesinos casi nunca se los descubre. Es tal el salvajismo y el cinismo de las pandillas criminales que la vida humana no vale nada. Desde el inicio de las grandes reformas, el crimen organizado domina la opinión pública por medio del dinero. La impotencia de la justicia es tan patente que nadie le pide protección: no sirve para nada. ¿Somos un "Estado de derecho"? Parece una broma.

Aparentemente nuestras tropas protegen las fronteras, pero los oficiales que no se dejan corromper por los contrabandistas, así como destacamentos enteros de guardianes de las fronteras, son diezmados por bombas; desde luego, jamás se descubre a los asesinos. Y también en apariencia el país posee un ejército capaz de defender a la Patria, pero ni siquiera puede mantener correctamente la guardia en los cuarteles en tiempos de paz.

Podría multiplicar los ejemplos: los discursos bellos sirven para disimular una realidad lúgubre.

La población de un país inmenso ha regresado al estadio económico primitivo: se alimenta de sus parcelas individuales. Vastas regiones de Rusia –el Extremo Norte, Kamchatka, el Lejano Oriente y buena parte de Siberia– están libradas a sus propias fuerzas. ¿No hay calefacción para el invierno? ¡Pues váyanse a vivir a otro país!

Nuestra investigación científica de punta se sostiene a duras penas, pero las instalaciones más eficientes están a punto de desaparecer: por falta de dinero no se puede asegurar su mantenimiento. Sabios de gran renombre hacen huelga de hambre, directores de institutos de investigación se suicidan. ¿Desesperación? No, es suicidio a escala estatal; son nuestros dirigentes, arrastrados por su demencia, quienes condenan a muerte el futuro de Rusia. Los jóvenes profesionales más talentosos se van al extranjero, quebrando así nuestra tradición universitaria. Los estudiantes sufren hambre. ¿La cultura? ¿Las bibliotecas? ¿Los museos? Apenas ha comenzado la enumeración de los fracasos.

La atención hospitalaria, de la base a la cima, carece de medicamentos y equipos, es cada vez menos accesible para los que no poseen grandes medios; los médicos pierden fuerzas. Los "liquidadores" de Chernobyl que sacrificaron su salud para salvar las imprevisiones del Estado, ahora lisiados, sólo pueden morir sin siquiera recibir una pensión. El derecho de ser enterrado en un ataúd –o sin él– se vuelve inaccesible de tanto que han aumentado los precios.

Pero lo que no es aparente es la caída demográfica de los pueblos de Rusia, no de todos, sino esencialmente de los eslavos: parece presagiar su *desaparición* lisa y llana. Las estadísticas de los últimos años revelan que la etnia rusa marcha hacia la extinción, ¡y a qué paso! A partir de 1993 el número de muertes supera el de los nacimientos en un millón. Es una pérdida similar a la que hubiera provocado una guerra civil. En ningún lugar del mundo se observó semejante caída demográfica desde la Segunda Guerra Mundial. Y según todos los índices, persistirá durante varias décadas: no se advierten motivos para que las cosas cambien. (El regreso de emigrantes rusos disimula en parte el fenómeno.) ¿Perturba esto a nuestros elocuentes políticos? ¿Hay uno entre todos que intente detener el proceso, que trate de crear condiciones de vida suficientemente estables para garantizar la conservación de la población?

La caída de la tasa de natalidad rusa también es un hecho sin precedentes en el mundo. Durante el siglo XIX y comienzos del XX la mujer rusa dio a luz un promedio de 7,5 hijos (no faltaban familias con 12 o 14 hijos); en una generación la población crecía una vez y media. Hoy la mayoría de las familias rusas tienen un solo hijo y las mujeres dan a luz un promedio de 1,8 a 1,4 hijos. Por debajo del nivel fatal de 2,15, la reproducción no está asegurada y se inicia un proceso de extinción. Según ciertos cálculos, a mediados del siglo XXI la proporción de rusos en la Federación Rusa será inferior a la mitad de la población.[1]

Aparecen cada vez más neonatos con malformaciones o retraso mental. Según las cifras oficiales (siempre inferiores a la realidad), la mortalidad infantil en nuestro país es del 20 ‰ (comparada con el 8 a 12 ‰ en los países desarrollados). En las ciudades baja la natalidad; en el campo aumenta la mortalidad. Disminuye la esperanza de vida: entre los hombres ha caído a 57 años (es verdad que este proceso se inició en los años setenta) como en la India, Indonesia y África, aunque en ciertas regiones del continente africano es superior a la nuestra. Las mujeres superan a los hombres en nueve millones, y esta brecha no deja de agrandarse. En cuanto a la mortalidad masculina, la cifra aumenta por muchas razones: consumo desenfrenado de alcoholes adulterados (la astucia de nuestro gobierno); frecuentes accidentes laborales debido al deterioro de los equipos industriales (éxito de las reformas, miseria del Estado): la producción como tal es fuente de peligros; desesperación, imposibilidad de alimentar a la familia, pérdida de la confianza en sí mismo (decenas de miles de suicidios por año).

Los médicos constatan que las internaciones se deben a enfermedades cada vez más graves y dolorosas. Con frecuencia responden, según ellos, a las condiciones de vida: "La angustia es un factor determinante..."

¿Y la suerte de millares de jóvenes que no saben adónde ir ni qué hacer? (Conozco casos de jóvenes candidatos a la Academia de Ciencias que están en la calle.)

¿Y quién ejerce el poder sobre todo lo que sucede en nuestro país? ¿Es necesario aclarar que es el poder ejecutivo, el legislativo, los banqueros? ¿O bien, en una palabra, la oligarquía? En todo caso, está claro que esta camarilla rapaz es totalmente indiferente a la suerte del pueblo al que gobierna, hasta el punto de que ni siquiera le interesa saber si sobrevivirá o no.

Y nuestra vida cotidiana gris es iluminada por el centelleo azul de las pantallas de televisión, promesa de vida y de cultura, único lazo real entre las personas en un país que cae hecho pedazos. ¿Pero qué nos ofrece que sirva para reconfortarnos y saciar nuestro apetito?

[1] V. I. Kotov, ob. cit., p. 66.

Vulgaridad, vulgaridad y aun más vulgaridad. Publicidad seductora que muestra la "vida bella"... ¡y para el 98% de la población es tan real como la vida en Marte! Una sucesión de imágenes confusas y agitadas. "Series" importadas de baja calidad. Sucedáneos del espíritu. Estupideces en las que se asfixia la cultura. El culto de la ganancia y la prostitución. ¡Esos banquetes insensatos donde los afortunados de la capital se muestran ante el país hundido en la miseria, la jactancia de los millonarios! O esas payasadas chillonas de las autofelicitaciones televisadas...

Ya se sabe: *Cuando la carne está podrida, de nada sirve sazonarla.* Es para vomitar: el pueblo detesta la "caja", pero no puede estar sin ella.

También están los medios (palabra muy de moda), que, puestos hasta hace poco bajo la tutela del *Glavlit**, quedaron bajo el control de los oligarcas; es verdad que su difusión es escasa en los vastos espacios rusos. Dedican su atención casi exclusivamente a las personalidades más visibles, a las intrigas, los golpes arteros, las maniobras de trastienda y los escándalos demasiado resonantes.

Algunos presentan ciertos análisis de la situación que producen escalofríos. En la publicación *Inostranets*[2] –el nombre es elocuente– hay una visión global de la Rusia de hoy y las amenazas que la acechan. Felizmente, la "ideología nacional chovinista" no nos amenaza: no consigue arraigarse en Rusia. (Por fin lo comprenden.) Pero he aquí el peligro: Rusia como modelo de sociedad humana es demasiado heterogénea: en ella coexisten el Primero, el Segundo y el Tercer Mundo. (En verdad, es peligrosamente heterogénea.) Nuestro "Primer Mundo" es la "locomotora de la modernización y la occidentalización", el "centro hegemónico que dirige la política, las finanzas, la información"; es decir, Moscú. El lugar del "Segundo Mundo" lo ocupan ciudades como San Petersburgo, Ekaterimburgo, Nizhni-Novgorod y Samara. En cuanto al "Tercer Mundo", el resto de Rusia se le parece cada vez más: el Sur, el Este (es decir, que se incluye en el Tercer Mundo toda Siberia y, por cierto, las regiones despobladas del Norte: ¿dónde incluirlas, si no?), así como "los barrios empobrecidos y las pequeñas ciudades". Precisamente este Tercer Mundo representa un

---

[2] E. Ijlov, columna "Ideologismos", *Inostranets* [*El extranjero*], 16 de abril de 1997.

peligro *para nosotros*, los del Primero y el Segundo, y debemos permanecer muy *atentos* porque podría aparecer en él una "combinación extravagante de maoístas y toscos escritores" (??). ¡Atentos! ¿Corresponde, entonces, prepararse para resistir los ataques de esta masa oscura, incluso aplastarla mientras aún hay tiempo? (El largo artículo jamás menciona la posibilidad de ayudar a esas pobres personas, hacerles extensivos algunos de los beneficios de la poderosa "locomotora".)

El país vive aplastado bajo el peso de la vida cotidiana (la familia, el alimento, la huerta), sin el menor contacto con sus descarados dirigentes. La gente ha perdido la esperanza de que las *elecciones*, cualesquiera que sean, puedan traerle algún beneficio. Hay una profunda indiferencia por los asuntos públicos. Concretamente, nadie defiende ni defenderá los derechos de los humildes. Muchas ciudades pequeñas están asfixiadas por el desempleo; es imposible aprovechar su capacidad. Los veteranos de la Segunda Guerra Mundial, los jubilados y las antiguas víctimas del Gulag estaliniano llevan una vida lamentable y se resignan al ver pasar a los mocosos de ayer en sus autos extranjeros y gastar sumas exorbitantes en sus juergas. En esta conducta social deforme se encuentra la prolongada comparación con las décadas comunistas, pero esta nueva época le ha inyectado su dosis debilitante.

¿Acaso toda esa masa humana no forma parte de los *marginados*?

Desde los años veinte no se asistía a una transformación tan brutal de la psicología de la gente, su mentalidad, sus valores espirituales y morales: en esa época el mundo caía en pedazos ante sus ojos y hoy sucede lo mismo. Éste es el mundo al que nos han arrastrado los advenedizos rapaces que imponen por todos los medios la moral del lucro. La palabra dada no tiene valor, es inútil respetarla. El trabajo honrado sólo merece desprecio y no da para comer. Y esos desastres no se reparan en años sino, en el mejor de los casos, en décadas.

En este mundo en el que se disuelven todos los lazos sociales y nadie se interesa por lo que le sucede al prójimo, cada uno enfrenta a solas su desgracia y dolor. En este mundo de desesperación e indiferencia en el que nada sirve para nada y las personas están moralmente abrumadas, cada uno experimenta la sensación de no serle útil a nadie, de haber perdido el control de la propia vida, y el vacío se instala en el alma.

Como lo advierte el proverbio: *No busques el camino en un callejón sin salida*.

Recibo cartas y más cartas de todos los rincones de Rusia, del "Tercer Mundo" y del "Segundo". Y leo siempre lo mismo:

"Prefieren transformar el país en un cementerio antes que soltar su presa." "Nuestro Estado es el enemigo de los humildes." "El pueblo no cree más en nadie ni espera nada bueno de nadie." "Aún no he decidido por cuál porquería voy a votar." "Cuando no nos despoja el Estado, lo hace la mafia: ganarse la vida honradamente es imposible." "Hemos pasado del 'roba lo que ha sido robado' al 'roba lo que ha sido ganado trabajando'; nos obligan a trabajar por nada." "Todos roban, desde el ministro hasta el capataz. Roban sin pensar, sin ocultarse, sin temor, como si el fin del mundo fuera inminente." "Se destruyen sistemáticamente todos los valores espirituales." "Nos privan conscientemente de la cultura para convertirnos en idiotas." "¿Quién dispuso que nos impidieran pensar y conocer nuestra historia?" "No sabemos quiénes somos, es algo que da miedo: no sabemos hacia dónde vamos ni qué será de nosotros." "Es terrible que Rusia se haya convertido en algo tan distinto de lo que imaginamos."

Y con un suspiro de cansancio, reflexiones más íntimas: "Esto no es vida sino supervivencia". "Una vida sin objetivos." "Olemos nuestra humillación hasta en el aire que respiramos." "Sentimos un gran peso sobre el corazón." "¿Qué haremos para sobrevivir moralmente?" "Marchamos hacia ninguna parte. No hay puntos de referencia." "No morimos de miseria sino de tristeza."

Esto fue tomado de una encuesta callejera en Moscú: "¿Qué opina usted de la renuncia colectiva del gobierno?" "Que ellos no piensan en nosotros ni nosotros en ellos."

*

Pero lo que advertí al *reunirme* con estas personas en las provincias y pequeñas ciudades, por sobre la desesperación expresada en sus quejas, son los proyectos de acciones concretas elaborados por intelectuales, jóvenes y de mediana edad.

No, la gente no está totalmente aplastada.

Hay vida en sus miradas, en sus pensamientos.

Existe aún la energía de las buenas acciones, pero su campo está limitado por el estrecho perímetro de las iniciativas individuales; más allá está el muro, todo está tapado. Y esas iniciativas individuales no logran despertar un gran movimiento de apoyo en la opinión pública.

Sin embargo, nuestra existencia no se remonta a un siglo sino a once, y no es la primera vez que la firmeza de nuestro pueblo se pone a prueba; esta vez debe enfrentar a los aventureros criminales que tomaron el poder y el lodazal nauseabundo en el que han hundido a Rusia.

A pesar de todo lo que se hace para impedirnos respirar, no se ha apagado el anhelo de justicia social y de una vida limpia.

Y su fuerza también es convincente.

El entrelazamiento de las naciones

XVII. Ciento cincuenta etnias

La Rusia anterior a la revolución abarcaba más de ciento cincuenta pueblos y diversas etnias. Muchos pueblos se unieron a Rusia voluntariamente y desde el comienzo. Tal es el caso de las etnias poco numerosas de Siberia: mansis, vogules, jakases, iukaguires y otros. Los aborígenes siberianos no estaban sometidos al trabajo obligatorio, al igual que los aleutianos, los esquimales de Alaska, pequeñas y medianas *zhuzy* (hordas) de kazajos, zyrianos (komis), maris, chuvashes, mordvinos, kabardos. Otros fueron anexados inicialmente por la fuerza: durante el siglo XXIX, los tártaros del Volga y de Siberia, Cherkasia, Chechenia, Daguestán, Kokand, Jiva y Bujara. Otros se sublevaron en el siglo XVII, como los yakutos, los kirguizes del Ineissei, los chukchis e italmenos, y los bashkires en el siglo XVIII. Varios pueblos han buscado obstinadamente la protección de los rusos: osetios, georgianos y armenios. En todos los siglos se registraron incursiones: las de los tártaros de Crimea en Moscú y luego los avances incesantes de los chechenos a través de las planicies; otras venían de Kokand, Bujara y Jiva. La expansión de Rusia se debió en buena medida a las guerras defensivas, no ofensivas, aunque la anexión de Asia Central y Transcaucasia no fuese condición necesaria para la estabilidad de Rusia.

Nos parece imposible adivinar cuál hubiera sido el desarrollo de esos pueblos y etnias si Rusia no hubiese existido. Sin duda se hubieran desarrollado con éxito y adquirido cierto poderío; unos hubieran dominado a sus vecinos, otros se hubieran sometido; otros más se hubieran agotado en guerras intestinas. Por ejemplo, en Iakutia llaman al tiempo anterior a los rusos la "época de las guerras sangrientas"; las guerras interétnicas, frecuentes en Turquestán, cesaron después de la conquista rusa; hasta el siglo XX subsistía en Azerbaidzhán la tensión entre armenios y "tártaros", como se los llamaba entonces. El poder del Estado ruso apaciguó esos enfrentamientos.

Se suele denunciar la rebelión sangrienta (acompañada de una represión cruel de la población rusa) de 1916 en Turquestán (kazajos y kirguises), pero no se debió tanto a la esclavitud de la población local sino a sus privilegios: tres años después del inicio de la Primera Guerra Mundial, aún no tenía servicio militar obligatorio. Se anunció que se la movilizaría para ciertos trabajos civiles, pero la población, sin tener en cuenta las exigencias de la guerra, no aceptó. No obstante, durante la misma guerra, una de las mejores divisiones del ejército ruso fue la división "Salvaje": seis regimientos integrados por caucasianos (incluso chechenos). Durante la guerra civil los calmucos se plegaron a los Blancos, y a ellos se sumaron regimientos de kabardos, osetios e ingushes.

Gracias a la conciliadora política rusa, los pueblos anexados ocupaban orgánicamente un lugar en la nación unificada, conservaban su integridad física, ambiente natural, religión, cultura e identidad. Jamás etnia alguna fue aniquilada como en los imperios coloniales o en América del Norte.

¿Cómo pudo mantenerse y perdurar una unión de tantos pueblos como jamás se había visto? Esencialmente, gracias a una forma de gobierno de éxito ya demostrado en la historia universal con vistas a una misma finalidad: ante el monarca todos los ciudadanos son iguales, gozan de igualdad de derechos sin distinción de religión ni raza, sin estar limitados en sus ocupaciones ni lugar de residencia; aunque es verdad que en estos siglos de relativo sedentarismo, los pueblos no circunscritos a determinadas "zonas de residencia" no se sentían inclinados a migrar. Los nómadas kazajos, que habían retrocedido ante los ejércitos yungares y las incursiones desde Kokand, habían encontrado en el Sur de Siberia las condiciones ideales para vivir su nomadismo así como el apoyo de la población rusa sedentaria. (La única excepción en Rusia fueron los judíos, pero es justamente la que tuvo las consecuencias más graves.)

En este imperio ruso, ¿cumplieron los rusos, a la manera de los ingleses, el papel de "nación imperial"? De ninguna manera. En esa época, la gran mayoría del pueblo ruso, el campesinado, representaba una capa pasiva, doliente. No obtenía la menor ventaja material ni privilegio del imperio; por el contrario, sobrellevaba la pesada carga de las prestaciones personales al Estado, pagó con vidas las construcciones de Pedro el Grande, así como las guerras imperiales (para muchas etnias la conscripción no existía); sufrió la servidumbre* y el despojo de tierras. La "conciencia imperial" existía entre los altos funcionarios (de diverso origen étnico), en algunos miembros de la nobleza –pero no en todos ni mucho menos– y en algunos representantes de los medios burgueses que se hicieron fuertes a principios del siglo XX. ¡Pero de ninguna manera entre las masas populares, por suerte! La conciencia imperial deforma la conciencia nacional, la perjudica y causa un grave daño al desarrollo interno.

No, no es como "nación imperial" que los rusos se convirtieron en el curso de siglos en pueblo tutelar, en la trama de un tapiz multinacional (lo que es un hecho étnico poco corriente), sino en virtud del papel que cumplieron en la formación del Estado y de las diversas migraciones geográficas. En el transcurrir de la historia, esto se transformó en una carga para los rusos, en una fatalidad. Por eso mismo sufrieron los rudos golpes de la "política nacional" de Lenin y la guerra hitleriana. Tal es el origen de las terribles dificultades que presentan los problemas rusos actuales.

Quienes acostumbran a difundir ideas malintencionadas con respecto al pueblo ruso lo acusan de ser violentamente hostil hacia otros pueblos y hacia los extranjeros. Pero todo el curso de la historia rusa desmiente esas acusaciones: los rusos acogían de buen grado a extranjeros provenientes de los más diversos países, les ofrecían amistad, asistían a sus escuelas (para aprender técnica a partir del siglo XVI; a las agrícolas de los colonos alemanes en el siglo XIX); el aparato estatal de la Rusia prerrevolucionaria incluía a muchos funcionarios de origen extranjero hasta en los puestos altos. Por lo demás, la existencia estable, durante siglos, de un vasto imperio multinacional hubiera sido imposible si la base popular fuese xenófoba. (Se objetará que hubo pogromos antijudíos en Moldavia y Ucrania en 1881-1882 y en 1903-1905, pero no los hubo en los territorios de los grandes rusos.)** Y aun hoy, ¿en

---

* El Derecho de servidumbre, derogado por Alejandro II en 1861, sometía a los campesinos dependientes de un terrateniente a una condición que implicaba su enajenación y signoración junto con las tierras, e incluso sin ellas, para ser trasladados a otra propiedad. Del mismo modo que los esclavos, podían llegar a comprar su propio rescate. (N. de los T.)

** A partir del siglo XIV comenzó a concretarse la diferenciación entre bielorrusos, pequeños rusos (o ucranianos) y grandes rusos. (N. de los T.)

cuántas regiones y ciudades rusas los puestos clave están en manos de no rusos, incluso de georgianos, armenios y azerbaidzhanos, que se identifican con Estados extranjeros? ¿Veremos algo parecido en los nuevos países de la Comunidad de Estados Independientes o en regiones autónomas de la misma Rusia? De ninguna manera: se apresuran a marginar a los rusos; ahí está la xenofobia.

*

¿Cómo hubieran podido ser las relaciones entre los pueblos de Rusia en el siglo XX si no se hubiese producido la revolución? La catástrofe revolucionaria desvió violentamente el curso de los acontecimientos y no nos parece posible pronunciarnos acerca de una perspectiva imposible de verificar.

En cambio, encontramos explicaciones suficientes en el proceso mundial del siglo XX.

Vemos que a fines de este siglo el rodillo nivelador pasa inexorablemente sobre las particularidades, características propias y originales de las culturas y conciencias nacionales, conformándolas todas al modelo mundial norteamericano y anglosajón. La acción del rodillo amenaza con apagar todos los colores de la paleta de la humanidad, su complejidad espiritual, su vigor. El proceso de estandarización es entrópico. Al arrasar las diferencias potenciales, debilita la aptitud de la humanidad para desarrollarse espiritualmente y, por consiguiente, en todos los demás sentidos.

He escrito más de una vez que la existencia de las culturas nacionales es una bendición. Que las naciones son los colores de la humanidad; si desaparecen, la humanidad adquirirá una uniformidad lúgubre, como si todos los hombres tuvieran la misma apariencia, el mismo carácter. Es evidente que la existencia de diversos pueblos desde el origen es parte del Plan Divino. A diferencia de las asociaciones y organizaciones, el *etnos*, como la familia y la persona, no es una creación humana. Y tiene tanto derecho a existir como éstas.

Como siempre sucede en la vida de los hombres, cuanto más trata de imponerse una fuerza, más provoca una resistencia obstinada, a veces desesperada, siquiera entre algunos individuos. Así, en el siglo XX, el deseo de afirmar la propia identidad se ha acrecentado y en todo el planeta vemos, bajo distintas formas y con fuerza desigual, la resistencia al poder nivelador. Los ejemplos abundan y están a la vista de todos: la asombrosa estabilidad del carácter y el modo de vida nacional japonés que han prevalecido sobre todas las pruebas de la época contemporánea; la perennidad inquebrantable de la cultura islámica en toda su originalidad; aun más, milagrosamente restablecido sobre la tierra de sus antepasados, el Estado nacional judío, a pesar de los dos o tres milenios de dispersión por el mundo durante los cuales llegó varias veces al borde de la extinción. Esos ejemplos bastan para darnos esperanzas de que la humanidad todavía no está condenada a dejarse devorar por la uniformidad. No, en muchas naciones se observan reacciones defensivas para sobrevivir bajo estas nuevas condiciones, defendiendo su tradición cultural y espiritual, su propia fisonomía.

Desde luego que este proceso de autodefensa de la identidad se ha manifestado también en las naciones rusas. En muchas subsiste un sentimiento nacional vigoroso, que se manifestó muy claramente en 1917 cuando, al derrumbarse el Estado, todas las capas y subcapas de la población se apresuraron a pedir la ampliación de sus derechos o a proclamarlos por su cuenta. He tenido la oportunidad de estudiar, hasta en sus menores detalles, los hechos materiales que se sucedieron entre febrero y octubre de 1917. Naturalmente, se despertaron los movimientos nacionalistas. Sin embargo, pese a que por entonces algunas naciones (en particular, Ucrania) y ciertas religiones (el islam) manifestaron sus expectativas, fuera de Polonia y Finlandia (ya madura ésta última para separarse), no se planteó ninguna exigencia más allá de la autonomía cultural y la autogestión local. Ningún país, ni siquiera Ucrania, reclamó la separación territorial.

A continuación, la revolución leninista abrió y en gran medida allanó, en beneficio de todas las nacionalidades de Rusia (con una sola excepción: la rusa), el camino hacia una conciencia de sí forzada y una autonomía cultural y administrativa total. En setenta años este proceso permitió a muchas naciones "titulares" obtener y consolidar su autonomía con ayuda de la generosidad rusa. Los dirigentes nacionales de estas entidades autónomas pudieron abordar los sucesos de 1991 a partir de esa posición de poder. El proceso continuó de manera exclusivamente dinámica hasta el punto de que algunas entidades llegaron a exigir, si no la independencia total, al menos los derechos que las convertían en sujetos internacionales (algunas los recibieron).

Este auge violento de los sentimientos nacionalistas en todos menos en los rusos continuó a lo largo de la década de 1990. En los pasaportes de los Estados bálticos aparece la mención de *nacionalidad*. En Kirguizistán, donde fue suprimida durante un tiempo por razones "progresistas", fue restablecida por pedido de la población. No dudo que si les preguntaran a los pequeños pueblos de Siberia, se aferrarían a su nacionalidad aun con más fervor. Esto forma parte de los esfuerzos de las naciones amenazadas de desaparición para protegerse del rasero universal; es decir, la reacción defensiva ya señalada. ¿Para qué aclarar, si no, la nacionalidad en el censo general? ¡Si es innecesario, que sea innecesario para todos! En Rusia esto se manifestó claramente en 1997: sin tener en cuenta el entrelazamiento de los pueblos, las autoridades centrales decidieron sin más suprimir del nuevo pasaporte ruso la mención de nacionalidad. Ya empezaba a funcionar la máquina que debía imprimir decenas o cientos de miles de pasaportes, cuando ciertas voces claras y lúcidas pidieron que se detuviera. ¿A quiénes pertenecían? No a los rusos, por cierto, sino a otras nacionalidades: precisamente kabardos, bashkires y tártaros. Quieren –con todo derecho– llevar el nombre de su nación, aspiran a que no se pierda, a que no quede oculta. El gobierno central no sabe qué hacer: ¿debe emitir pasaportes nuevos y destruir los que ya están impresos? Agradezcamos a estos pueblos esa lección fraternal. Por falso pudor estamos dispuestos a perder el derecho de llamarnos rusos. No se puede prohibir a nadie el instinto de conservación nacional, el derecho de sentir lo que se es. ¿Por qué no nos atrevemos a tener ese derecho, como lo tienen y defienden con toda evidencia los demás pueblos?

XVIII. ¿Una Federación?

Sí, Rusia está habitada por más de cien naciones; la multiplicidad de etnias es producto de la Historia y debemos tenerla en cuenta para entrar en el futuro: conciliar los intereses de todo el Estado con los de los grupos étnicos. Iván Aksakov* ya había preguntado: "¿Cómo hacer para que una legislación única englobe racionalmente a pueblos tan diversos?"

Por lo menos desde el siglo xv en adelante, la tradición fundamental del estatismo ruso era la unidad y unicidad del Estado, que en las mejores épocas se combinaba con el *zemstvo*. Durante los seis siglos siguientes jamás apareció la necesidad o siquiera la idea de una organización federativa de Rusia. Lenin la creó a partir de sus esquemas teóricos y la introdujo por medio del poder de la dictadura bolchevique.

La Historia demuestra que las federaciones auténticas se crean únicamente a partir de las aspiraciones unificadoras de formaciones semiestatales, con fines de ayuda recíproca y una existencia común más estable. (Es el caso de los cantones suizos, los *länder* alemanes y los Estados Norteamericanos.) Por el contrario, de acuerdo con el proyecto revolucionario de Lenin, se declaró la *federación* de pueblos a partir de Rusia, que era una sola. Lenin y sus discípulos no tenían la intención de renunciar al carácter unitario del Estado; aspiraban a esa unidad, cimentada sobre la dictadura del Partido, y la pusieron en práctica resueltamente. Calculaban que encontrarían aliados entre las pequeñas nacionalidades dentro de Rusia y esperaban ganarse la simpatía de los pueblos de Oriente mediante un ejemplo seductor. En las décadas de 1920 y 1930 se produjo un fraccionamiento monstruoso: se decretó sobre el mapa, aquí y allá, la existencia de "distritos nacionales" o "soviets rurales nacionales" con derechos especiales y privilegios que no poseían los soviets y distritos vecinos de origen ruso.

Mientras tanto, esas decisiones, aunque formales, no carecían de consecuencias; pero sucedió que la seudofederación, ampliamente publicitada, maduró lentamente durante siete decenios sin alterar la importancia ni la influencia de los dirigentes nacionales. Por lo demás, en 1926, los miembros "nacionales" del Comité Central del Partido Comunista bolchevique (encabezados por T. Ryskulov*) se reunían aparte y dirigían sus reclamos al CC; posteriormente la "desviación nacionalista" se manifestó varias veces en el Partido. En 1991 se produjo la implosión: de golpe y en todas partes, la multiplicidad fraccionada de las elites nacionales, incubada desde hacía setenta años, se manifestó bruscamente y cada una quedó a la cabeza de un trozo de Rusia.

La desintegración de 1991 fue una avalancha arrolladora, aun más irreversible que la de 1917. Con la nueva conmoción revolucionaria, ciertos rasgos de nuestro país cambiaron hasta volverlo irreconocible: entre otros, y fundamentalmente, el funcionamiento del Estado se alteró de manera drástica. Las regiones autónomas se constituyeron en repúblicas autónomas y todas juntas adquirieron el peso específico de las viejas repúblicas de la Unión, ahora separadas. Las elites nacionales de las regiones autónomas, que durante décadas se habían beneficiado en su formación con cuotas preferenciales y una escasa competencia profesional, se apoderaron rápida y resueltamente del poder real para elevar de modo drástico el porcentaje de elementos autóctonos, en especial en los organismos administrativos y judiciales. Y en el extranjero se saludó esta llamarada de nacionalismo étnico como un auge de la democracia, cuando la selección nacional es contraria a la verdadera democracia. La parcialidad de las elites étnicas se manifestó imperiosamente incluso en las privatizaciones locales –con la prioridad otorgada a "los nuestros"–.

Ninguno de los dueños del poder comprendió que a lo largo del siglo XX el desarrollo de las nacionalidades y los Estados por lo general toma caminos divergentes: las conciencias nacionales se afirman de manera cada vez más fraccionada, en tanto los Estados (incluso bajo la forma de uniones de Estados) se amplían de continuo. Para una nación pequeña es casi imposible vivir como Estado independiente. Y en lo que queda del corpus de Rusia (dejo de lado la presunción de los chechenos y de aquellos que sólo cuentan con la piratería y el parasitismo), ninguna nación tiene la posibilidad ni la pretensión de separarse y vivir realmente fuera de una unión con el pueblo ruso.

Hemos escuchado a la elite dirigente repetir con voluptuosidad las consignas federalistas sin comprender que las federaciones sólo existen cuando predominan las fuerzas centrípetas, no las centrífugas. Así, hemos oído la célebre invitación a los tártaros: "¡Tomen tanta soberanía como puedan tragar!" (Y se apresuraron a tomarla.)

Otras entidades autónomas aplicaron activamente esta receta y luego siguieron su ejemplo las entidades y los territorios rusos que actualmente se llaman "regiones". Este proceso es tanto más peligroso por cuanto un país extenso como Rusia no puede existir sin un poder central único y fuerte; si se prolongara la situación de precariedad y confusión, podría producirse el derrumbe del Estado ruso. En este caso, el fortalecimiento de las regiones resultaría salvador. Sobre todo para las vastas regiones remotas y descuidadas como el Extremo Oriente, Siberia, el Extremo Norte o el Norte del Cáucaso, la obtención de tales derechos, lejos de conducir a la ruina, podría ser una forma de salvación: el gobierno local se vuelve más tangible y tiene una relación más directa y viva con la población, como ya podemos constatar en ciertas regiones. ¿Pero qué puede ser más estúpido que el "reparto de poderes" mediante tratados diferentes entre el Centro y las regiones? En un Estado único debe haber un solo tratado válido para todas las regiones.

¿Esta descentralización de importancia vital llegará hasta las ciudades pequeñas y los distritos? ¡Sería una verdadera fuente de juventud! Doscientas de nuestras ciudades pequeñas están amenazadas de extinción, algunas en breve plazo, ¡y será el fin de la parte sana de Rusia! Cuando el presidente de Rusia declara (17 de mayo de 1996, segundo canal de televisión): "Quiero el menor poder posible, quiero delegarlo en los niveles inferiores", aun si realmente es lo que quiere, eso no significa que se haya previsto otorgar plenos poderes a las regiones. Antes bien cabría esperar que los gobernadores, una vez obtenido un importante grado de autonomía con respecto al Centro, intenten por propia iniciativa hacerse de todo el poder.

Así, la organización federal de Rusia se ha hecho realidad, no en virtud del proyecto ilusorio de Lenin sino como consecuencia de la Gran Desgracia y el desorden que reina en el Estado.

Aunque la Federación no es en absoluto una estructura natural de Rusia, puesto que se la introdujo allí por la fuerza, por ahora está arraigada en la conciencia de millones, en la sensibilidad de las masas nacionales. Habida cuenta de la decadencia de nuestro Estado y la reducción del papel que cumple en éste el pueblo ruso, nos vemos obligados a aceptar esta herencia. Pero debemos construir la Federación sin que entre en contradicción con la democracia auténtica ni con las leyes de la equidad; sobre todo, no debemos hacerlo en medio del caos ocasionado hoy por las convenciones bilaterales privadas, generadoras de privilegios.

Sin que lo hubiera previsto la Constitución de 1993, ha aparecido un movimiento espontáneo que refuerza al Consejo de la Federación y le permite acrecentar su importancia e influencia: sucede que no está integrado de acuerdo con criterios políticos ni por diputados exentos de toda responsabilidad sino por los que ejercen el poder ejecutivo y legislativo en las regiones. Esta asamblea, integrada por los que trabajan en el terreno, nos prepara por medio de la unión de fuerzas y voluntades esos lazos que reemplazarán a los que se perdieron con la ruina de Rusia. Esos lazos sin los cuales Rusia no podrá sobrevivir.

Desgraciadamente, de acuerdo con las disposiciones de la Constitución vigente, ese Consejo de Estado tiene derechos muy limitados. Será vital ampliarlos por el bien de la Rusia de hoy y de mañana.

XIX. Las entidades autónomas

INDEPENDIENTEMENTE de sus dimensiones y distribución, todas las naciones de Rusia deben disfrutar de las mismas potencialidades civiles y culturales para no perjudicar al más pequeño de los pueblos ni al más grande: esto está fuera de discusión.

¿Pero hasta qué punto debe prevalecer el criterio de nacionalidad en nuestro sistema común de gobierno? De ninguna manera puede servir para fundar un Estado plurinacional, porque abundarían los conflictos. Por consiguiente, es indispensable abandonarlo en lugar de perpetuarlo sin razones valederas.

A partir de Lenin, se introdujo entre nosotros con fuerza (y sin la menor consideración económica) el principio de las "autonomías nacional territoriales" en virtud del cual ciertas naciones –de ninguna manera todas– recibieron el derecho a controlar una parte frecuentemente nada despreciable del país. Según el censo de 1989, el 7% de la población del país (unos 10 millones de personas) constituía entonces 21 repúblicas autónomas y 10 circunscripciones nacionales con derechos particularmente favorables en comparación con los de otros pueblos. En muchos casos esas "entidades federales" no se corresponden con las demás ni por sus dimensiones geográficas, escasa densidad de población, potencial económico ni por su nivel cultural. Los intereses del 93% de la población del país que no posee estas ventajas se ven recortados. Estas entidades autónomas tienen unos 10 millones de habitantes heterogéneos.

Tampoco perdamos de vista que en Rusia viven muchos pueblos carentes de territorio propio ("pueblos sin estatuto"): ucranianos, bielorrusos, buena cantidad de alemanes, polacos, judíos, coreanos, griegos y otros; sus derechos no deben ser de categoría inferior a los de los pueblos que poseen "territorios autónomos". Entre los "autónomos" hay muchos pueblos que, como los tártaros, viven en gran medida diseminados fuera de los límites de su entidad (1,8 millón viven en Tartaria; 3,8 millones viven fuera de ella). Tampoco olvidemos que (siempre según el censo de 1989), entre los que no son rusos étnicos, 15,8 millones consideran al ruso su lengua materna.

La estructura imaginada por Lenin es incongruente para un Estado en el que todas las naciones entremezclan sus territorios; contradice el buen sentido y sólo puede obedecer a una intencionalidad política. Esta estructura impide la creación de una autoadministración local supranacional; dicho de otra manera, cierra el camino hacia la democracia. Desfigura el sistema natural de autonomías culturales, consideradas accesibles a todos.

La estructura bolchevique es única en su género y su peso es tanto mayor por cuanto en las entidades autónomas (con sus presidentes, constituciones, banderas, himnos) los pueblos "titulares" están en minoría (a veces de manera muy patente, como en Iakutia, Bashkiria y Carelia) pero determinan el aparato y la ideología de la administración. (Las excepciones son Tuva, Chuvashia y Chechenia; en Daguestán, la situación es más compleja.) En ninguna parte de un mundo que aspira a la democracia se puede imaginar a una minoría reinando "legalmente" sobre la mayoría; siempre se reconoce el poder de esta última, lo que implica obligatoriamente la defensa de los derechos de la minoría. Todos coinciden en que una nacionalidad sólo puede controlar un territorio si es mayoritaria en él. Desde luego, corresponde respetar la igualdad de derechos de los ciudadanos, independientemente de la nacionalidad. Pero esta igualdad se ve burlada en nuestras entidades autónomas debido a los privilegios lingüísticos y administrativos otorgados a la nación "titular".

Todo esto es una flagrante injusticia que se debe rectificar sin demora. Las tensiones interétnicas no son menos importantes que la reforma económica anunciada con bombos y platillos: pueden destruir el Estado antes que ésta. En las entidades autónomas no se le puede reconocer a la "nación titular", aunque sea mayoritaria, el derecho de dirigir a voluntad la totalidad del territorio sino como parte de una administración representativa de un Estado común y conforme a las leyes de ese Estado. En ninguna parte del mundo existen ejemplos de este tipo.

Hasta hace poco el artículo 74 del Código Penal prohibía no sólo la discriminación sino también los privilegios basados en criterios de raza, nacionalidad o religión. De lo que más se habla en la prensa y en la sociedad es de la discriminación, pero se pasan por alto los privilegios. Durante la conferencia sobre autoadministración local realizada en el Kremlin el 17 de febrero de 1995, llamé la atención de los participantes sobre el hecho siguiente: los *privilegios* otorgados según criterios nacionales y que son la base de nuestra Federación constituyen al mismo tiempo una *discriminación* con respecto a las regiones rusas, o sea, un crimen según el propio Código. Poco después, los mismos que nos habían aturdido con el desafortunado artículo 74, lo retiraron subrepticiamente del Código y en su lugar, en el nuevo Código, se introdujo el artículo 282, esta vez directamente mal formulado: condena únicamente las *declaraciones* públicas y cierra los ojos a las *acciones*.

Es necesario derogar definitivamente la desigualdad de derechos entre las naciones "titulares" y las "no titulares". Hay que poner fin al sistema de desigualdad de los derechos nacionales.

Las entidades territoriales autónomas no pueden gozar de ventajas económicas con respecto al Estado y en ningún caso pueden tener derechos particulares y exclusivos sobre el subsuelo y los recursos estratégicos como se les permite hoy en exceso. En todas las culturas nacionales hay que alcanzar un equilibrio razonable con la cohesión del Estado; los sistemas educativos de las entidades autónomas deben tener en cuenta las exigencias estatales comunes. Por ejemplo, no deben elaborar sus programas escolares como si la población viviera totalmente fuera de Rusia. Así sucede hoy en algunas entidades: el idioma ruso es relegado a la categoría de "lengua extranjera" y la historia rusa es apenas un capítulo modesto de la Historia universal; esto conduce a una ruptura del espacio educativo y cultural en un país unitario, en detrimento de todos sus habitantes.

Durante 1992 y 1993, años caracterizados por la anarquía y la debilidad del gobierno central, las entidades autónomas ejercieron una influencia decisiva sobre la llamada "obra constitucional" debido a que, en las discusiones, las fuerzas del Centro trataban de seducir a las autonomías y atraerlas hacia sus posiciones. Se llegó a crear un "Consejo de las Repúblicas" en el cual los rusos eran apenas una voz entre tres docenas. El resultado fue un sistema de "súbditos de la Federación" desiguales en sus derechos: los "súbditos" autónomos gozan de condiciones privilegiadas con respecto a las regiones rusas; o bien subsisten gracias a las partidas de dinero del Centro (que en Daguestán constituyen la mayor parte del presupuesto), o sea, fundamentalmente a cargo de Rusia, o bien gozan de un trato especial que llega hasta la exención total de pagos al Centro. (Tales son las situaciones de Bashkiria, Tartaria, Iakutia y otras; por ahora dejemos a Chechenia.) En algunos casos se les reconocen derechos internacionales.

Después de todas las concesiones políticas otorgadas a las entidades territoriales autónomas en 1992-1993, y una vez asimilada la fórmula extravagante de "soberanía dentro del cuerpo de la Federación", se abrieron las puertas de par en par a los más acérrimos egoísmos separatistas.

Lo cierto es que si se da por válida la Constitución de 1993, el artículo 5 dice que "todos los súbditos de la Federación Rusa son iguales en sus derechos". ¿Lo son también en sus deberes? La organización federal de Rusia debe basarse en la *igualdad total y justa* de todos los "súbditos de la Federación" (y no se debe aplicar a las "circunscripciones nacionales" que socavan la estructura de las regiones). Pero si la Constitución ha caído en el olvido, si se ha borrado el artículo del Código Penal por precaución, ¿no sería oportuno adoptar *una ley* clara y neta sobre la igualdad de las naciones *en Rusia*?

Se podría formular, por ejemplo, de la manera siguiente:

1) En el territorio de Rusia, todas las naciones propias de su ser histórico gozan de igualdad de derechos y deberes. (Esto no concierne a los ciudadanos de los países de la Comunidad de Estados Independientes que se radicaron en Rusia después de 1991.)[1] Todas las naciones tienen derecho a desarrollar libremente su cultura nacional, educación y lengua. El Estado financiará sus necesidades culturales en proporción al número de pueblos y etnias que las componen.

2) Esta igualdad implica el derecho de todo ruso que reside permanentemente en el país de ocupar cualquier cargo, sea electivo o por designación, pero sobre la base de la aptitud profesional. (El desconocimiento de la lengua local no sería una limitación; bastaría dominar la lengua del Estado.) En todo el territorio de Rusia, cualquier designación o rechazo de designación con base en consideraciones étnicas es penado por el Código Penal de la Federación Rusa como "atentado a la dignidad nacional".

---

[1] Se podría complementar con un acuerdo especial con Ucrania según el cual los rusos en Ucrania y los ucranianos en Rusia gozarían de todos los derechos sin limitación. Con Bielorrusia parecería que nos encaminamos hacia una unión.

XX. "Ruso" o "de Rusia"

Aunque en el último censo los rusos representan el 82% de la población de la RSFSR (no es común encontrar una mayoría tan significativa en los países uninacionales), están atomizados entre las diversas entidades autónomas, e incluso en aquellas en las que constituyen una mayoría; se encuentran en un estado de minoría de hecho, con derechos recortados: se les priva de los derechos reconocidos a las nacionalidades titulares. Teniendo en cuenta la dura desigualdad que prevalece hoy en esas entidades autónomas, es de temer que en el próximo censo de 1999 muchos rusos se inscriban como "titulares" (lo cual modificará su proporción global en la población), tanto más por cuanto aquéllos, a diferencia de las otras naciones de Rusia, carecen de una voz propia, "republicana", en las instancias administrativas y legislativas del Estado.

Pero si se mira más de cerca se advierte que esa es nuestra tradición histórica, nuestro sino de nación consagrada a *englobar* a las demás. Si nos dieran los mismos derechos gubernamentales que a las entidades autónomas, Rusia se derrumbaría, dejaría de existir. Ésa es la línea en la cual, desde hace siglos, lo "ruso" se funde con lo "de Rusia". Es necesario estudiar atentamente este entrelazamiento para comprenderlo.

Pocos saben que en 1909 se inició un vigoroso debate sobre el tema. El momento no es casual: después de los transportes de júbilo de la sociedad culta ante las derrotas rusas en Mukden y Tsushima* (los estudiantes petersburgueses enviaron telegramas de felicitación al Mikado); después de las conmociones revolucionarias (¡una advertencia seria!) de 1905-1906; después de que el Manifiesto del zar del 17 de octubre de 1905 que establecía la representación parlamentaria fuera acogido con insultos y silbidos por la sociedad culta, tan hostil al poder histórico de Rusia como al concepto mismo de "ruso", en 1909 la diplomacia rusa sufrió un duro revés en los Balcanes (anexión de Bosnia-Herzegovina por Austria, con el humillante consentimiento de Rusia), un rudo golpe a las pretensiones paneslavistas, no extinguidas del todo.

La discusión se realizó a través de las páginas del diario petersburgués *Slovo*[1]. La inició Piotr Struve*, y casi noventa años después, como comprobamos atónitos, ni una de sus palabras ha envejecido. El título del artículo, "La *intelligentsia* y la personalidad nacional", nos indica que el concepto visualiza ambos términos en su antagonismo. Struve dice que "la *intelligentsia* rusa se decolora al calificarse como 'de Rusia', oculta su rostro nacional sin necesidad y en vano, porque no se lo debe disimular [...]. La nacionalidad es algo aun más indudable [que la raza y el color de la piel] y también más sutil [...]. No nos conviene separarnos [de nuestro sentimiento nacional ruso] ni ocultar nuestra cara. [...] Yo mismo, como todo ruso, tengo derecho a ese sentimiento. [...] Cuanto mejor lo comprendamos, menos malentendidos tendremos en el futuro".

¿Se ha leído bien? Porque en nuestra larga ruta de noventa años no han faltado esos "malentendidos", o mejor dicho, conflictos devastadores.

En la discusión que siguió, se recordó lo siguiente: "La sola fuerza física no pudo crear semejante imperio; también intervino la fuerza moral". Y se exhortaba al lector a no sentir vergüenza "de un nacionalismo que construyó el Estado".

¡Pero sí, durante décadas se sintió vergüenza! A la sombra del Imperio, los intelectuales rusos sentían vergüenza, no se atrevían a considerarse "rusos". Pero, en estos tiempos, se diría que los derechos obtenidos por las naciones "de Rusia" quitan todo pretexto a esas falsas vergüenzas.

Durante la discusión de 1909 el problema quedó planteado con asombrosa claridad; hoy no podemos menos que reflexionar y preguntarnos sobre esto. Este trabajo pretende proponerle al lector que lo haga: "La equidad del Estado no exige de nosotros la indiferencia nacional...""No se trata de rusificar a quienes no quieren convertirse en rusos, pero tampoco debemos nosotros dejar de ser lo que somos; no debemos dejarnos devorar y despersonalizar por la multiplicidad étnica de Rusia...""Los intentos de hacer de toda Rusia un solo gran pueblo de Rusia [...] fueron desastrosos debido a los rasgos nacionales característicos tanto de los pueblos no incorporados al Imperio, como –y sobre todo– de los 'grandes rusos'."

---

[1] *Slovo* [*La Palabra*], 10 de marzo de 1909.

Toda la complejidad actual (agravada por nuestra negligencia) de la "cuestión rusa" se reduce a lo siguiente: ¿cómo resolverla sin contradecir ni anular la cuestión de "ser de Rusia"?

*

Algunas voces claman: "¡Rusia para los rusos!" Pero es una consigna falaz, destructiva (como "Tartaria para los tártaros" o "Iakutia para los iakutos"). Asimismo, la "República Rusa" dentro de la Federación Rusa llevaría al cisma y la disgregación, porque el deber de consolidar el Estado recae sobre los rusos y, sin ellos, Rusia no puede existir.

Las palabras sobre la "autodeterminación de los rusos" no tienen sentido. El "derecho de autodeterminación de las naciones" se impuso a través de Europa a partir de la Primera Guerra Mundial; los bolcheviques lo reivindicaron más que nadie y luego (16 de febrero de 1966) lo ratificó la ONU (es una contradicción que el principio de autodeterminación niegue el de la "inviolabilidad de las fronteras"). No obstante, en la Rusia actual la *autodeterminación* de los rusos significaría su *separación* de los demás pueblos del país, es decir, el derrumbe del Estado actual. Por eso no insistiremos con *esa* reivindicación. ¿Cómo reclamar un Estado propio para los rusos si hemos creado un Estado multinacional? Tampoco sería realizable la representación proporcional en los organismos del poder en Rusia.

En definitiva, los rusos son una nacionalidad dividida tanto por las nuevas fronteras de la CEI como por las entidades autónomas de su país, cada una de las cuales vive de acuerdo con sus propias leyes. En cuanto al Estado en el cual los rusos son mayoría, ¿va a defender sus intereses o a asfixiarlos?

Preocuparse porque los rusos tengan los mismos derechos que los demás pueblos no tiene que ver con el egoísmo nacional ruso. El peso de una desigualdad nacional a la inversa incide de manera destructiva sobre el conjunto del edificio estatal de Rusia. Ahora bien, en Rusia, el pueblo ruso es el núcleo constitutivo del Estado; sin él, nadie estará en condiciones de asumir la responsabilidad de su conservación.

El destino de Rusia dependerá del destino del pueblo ruso.

Intransigencia

XXI. El bolchevismo y el pueblo ruso

Tras el golpe de Estado de octubre, los sentimientos de vergüenza de la sociedad culta hacia todo lo que fuese *ruso*, que la discusión de 1909 había puesto en evidencia, se vieron potenciados por la estrategia estrepitosa de Lenin, tendiente a destruir por fin la conciencia nacional (rival político del bolchevismo). Ya en el X Congreso del PC (1921), aún no se había recobrado el aliento después de la guerra civil (y en los estertores de ésta) cuando se anunció: "La tarea principal del Partido en la cuestión nacional es luchar contra el chovinismo de gran potencia", que según Lenin "es mil veces más peligroso que todo nacionalismo burgués". En la carta que Lenin escribió al Partido a fines de 1922, la última antes de su muerte (y leída en el XIII Congreso juntamente con su "testamento político") se habla de la "embestida chovinista del gran ruso [...], ese canalla".[1] Lejos de respetar la igualdad formal de las nacionalidades, se debe establecer "una desigualdad que compense por parte de la nación opresora" –las "así llamadas naciones grandes (aunque sean grandes sólo por su violencia, grandes sólo como lo es un policía)"– los beneficios que pudiera obtener de las pequeñas. En el trazado de las fronteras administrativas diseñado a partir de 1923, se anexaron y sumaron distritos y cantones *enteramente rusos* a las entidades nacionales autónomas. A pesar de las declaraciones sobre la deseable y supuestamente próxima "desaparición" y "fusión de todas las naciones", en las repúblicas de la Unión se expulsó a los rusos de los aparatos del gobierno y del Partido. (Aún hoy, en Occidente, muchos están convencidos de que Lenin intentaba "rusificar las regiones periféricas".) En la esfera ideológica, Lunacharski sumaba sus ladridos: "La idea del patriotismo es intrínsecamente mentirosa";[2] "Se debe rechazar la enseñanza de la Historia que intente inculcar el orgullo nacional, el senti-

[1] V. I. Lenin, *Obras escogidas*, Buenos Aires, Cartago, tomo VI, pp. 488-494.
[2] A. V. Lunacharski, *O prepodavañii istorii v kommunisticheskoi shkole* [*Sobre la enseñanza de la Historia en la escuela comunista*], Petrogrado, 1918, p. 6.

miento nacional, etcétera; se debe rechazar la enseñanza de la historia que busque modelos a imitar en los ejemplos del pasado".[3] A lo largo de los años veinte, decenas de oradores del Partido y cientos de plumíferos serviles se las ingeniaron para burlarse y maldecir a "esos rusos cabezas huecas", "esos rusos ruines", "esos rusos cagones"; "fusilamos a la gorda Rusia en su gran culo" y "¿no hubiese sido mejor que Minin y Pozharski* no salvaran a Rusia?", etcétera, además de una multitud de obscenidades análogas irreproducibles.

La misma estrategia represiva de los bolcheviques asestó un golpe terrible a la Iglesia Ortodoxa: saqueo de bienes eclesiásticos que dio lugar a un acoso (organizado en secreto por Trotski, con Kalinin* como pantalla), arresto del patriarca y los metropolitanos, su enjuiciamiento y ejecución públicos, decenas de miles de asesinatos en secreto de miembros del clero o su aniquilación en los campos. Simultáneamente, a partir de la guerra civil y durante los años veinte, se procedió a exterminar o desterrar a los nobles e intelectuales. La conciencia nacional rusa fue reprimida, asfixiada, condenada a la clandestinidad, eliminada de la superficie, prohibida como fenómeno contrarrevolucionario.

Esta atmósfera prevaleció durante 15 años, hasta mediados de la década de 1930, cuando Stalin (después de haber aniquilado a millones de los mejores campesinos, dado el golpe de gracia en 1935 a la nobleza petersburguesa y los intelectuales, hecho dinamitar la catedral del Santo Salvador en 1931, destruido sin consideración o dejado al abandono los monumentos a la guerra patria de 1812) salió de su hipnosis para comprender súbitamente, ante la amenaza apremiante de una gran guerra, que no podría enfrentarla con la ideología putrefacta de la Comintern* sino con un renacimiento nacional ruso. Bruscamente la propaganda soviética recordó y evocó los llamados al *patriotismo* durante tantos años pisoteados, olvidados, maldecidos. (A partir de 1936 se habló del "hermano mayor" y de 1938 del "gran pueblo ruso".) Y ese patriotismo, no el soviético sino el ruso, con evocaciones del pasado militar que se remontaban a Dimitri Donskoi* (sin temor al "fastidio" de los tártaros), salvó al resto del mundo y a Rusia y al mismo tiempo al poder comunista con Stalin a la cabeza. (Después de la guerra, Sta-

---

[3] A.V. Lunacharski, *Problemy narodnovo obrazbovania* [*Los problemas de la educación popular*], Moscú, 1923, p. 103.

lin se dignó a ofrecer al pueblo ruso un brindis de reconocimiento. Pero poco a poco, como si no hubiera contradicción en ello, tomó la precaución de revivir los conceptos del comunismo internacionalistas porque podían volver a ser útiles.)

La hazaña del pueblo ruso durante la Segunda Guerra Mundial, hazaña de envergadura histórica y universal (y es terrible decirlo: ¿no será la última de su historia?) constituye uno de los enigmas del carácter ruso. Millones de personas habían sido diezmadas por la represión, el abatimiento era permanente, todos temían expresar una opinión; casi la mitad de la población de entonces recordaba que vivía mejor antes de la revolución; de ésta sólo había recibido sobras socialistas. Pues bien, ¿qué impulsó a las masas populares a brindar la vida por una existencia tan desgraciada y dura? (Muchos *zeks* rogaron desde los campos que los enviaran al frente.) Sin duda cumplió un papel el poder de una coerción férrea (lo cual, dicho sea de paso, da que pensar sobre el juicio de Constantin Leontiev*, quien sostiene que la servidumbre potencia las virtudes de nuestro pueblo); pero en gran medida fue el patriotismo natural ruso, aún no aniquilado, el que se manifestó entonces, reforzado por la apremiante necesidad psicológica de revivir siquiera durante un tiempo, revelarse como una personalidad fuerte, incluso heroica, a través de esa lucha a muerte que le dio una breve ilusión de libertad.

La hazaña del pueblo ruso, mejor dicho, de la triple unidad de los pueblos eslavos –mayoría abrumadora en el Ejército Rojo, las fábricas de la retaguardia y los campos de los koljoses–, derrotó al hitlerismo y salvó a las democracias occidentales al ahorrarles multitud de vidas; pero hoy se la borra de los sentimientos vivos y la memoria universal, se la olvida, se le niega todo reconocimiento, se la engloba en el torrente de la vida moderna para el cual lo que queda de Rusia es una reliquia del pasado, para todos molesta y, para muchos, una despreciable aberración.

XXII. De Stalin a Brezhnev

En los últimos años de su reinado, Stalin obligó a la propaganda soviética a realizar un viraje monstruoso hacia una jactancia nacional desenfrenada al presentar a los rusos como autores de todos los descubrimientos. Es difícil creer que haya realizado ese viraje para anular una vez más la conciencia rusa o bien por falta de sentido de las proporciones y de buen gusto: evidentemente, pretendía dominar mejor al "caballito giboso"* para dar un último salto agresivo hacia la conquista del mundo. La muerte le impidió obtener un resultado cualquiera, pero tuvo tiempo suficiente para darle un nuevo golpe grave a la conciencia rusa al convertirla en objeto de mofa universal.

Jruschov demostró inesperadamente un fervor bolchevique e internacionalista que conservaba de su paso por la Juventud Comunista. Estaba mucho más cerca de la línea leninista que Stalin, astuto estratega de Estado. Desde Lenin, nadie había demostrado tanto descaro para repartir las tierras rusas en Chechenia, Daguestán y sobre todo Ucrania. Tuvo la idea estrafalaria de "regalar" Crimea, una de esas malas pasadas inventadas por el diablo para pervertir las almas, en este caso la conciencia estatal de Ucrania. Fue el mismo Jruschov quien, desde 1961, sin razón aparente, se dedicó a atormentar a la Iglesia Ortodoxa, tan humilde, leal y por eso mismo útil para el prestigio del régimen. Sólo la furia ideológica característica del bolchevismo puede explicar esta campaña, que por su intensidad recuerda a la de Lenin en la década del veinte, aunque sin detenciones masivas entre el clero. Jruschov no se atrevió a decretar que el patriotismo ruso era un enemigo, pero no sintió la menor simpatía por él y trató por todos los medios de transformarlo en patriotismo "soviético".

Ésta es la línea política que heredó el Buró Político de Brezhnev: la urss lograría una fusión inédita de todas las nacionalidades en una so-

---

* Caballo mágico que lleva a su jinete a cualquier lugar en un abrir y cerrar de ojos. Protagonista del cuento popular homónimo de Yerchov. (N. de los T.)

la "nación soviética". En esto, como en lo demás, los ancianos sólo veían lo que querían ver; parece que realmente creían en el mito de "un solo pueblo soviético". (Incluso lograron inculcarlo en la conciencia de las masas; muchos empezaron a creer en él.) Esta tendencia de los nacionalistas rusos de agruparse en torno del poste comunista, al que consideraban sólido, acabó por crear en ellos el mito de una transformación nacional indolora del régimen brezhneviano, pero éste estaba sobre aviso: asestó un golpe a su peligroso enemigo, le clavó las garras de la ideología marxista leninista; en 1972, el jefe de propaganda del cc dio la señal al publicar un artículo amenazador contra el renacer del nacionalismo ruso y las simpatías religiosas. El artículo fue durante mucho tiempo el monumento ideológico de la época de Brezhnev.[1] (En cambio, casi nadie conoce el informe ultrasecreto de Andropov al Buró Político del 28 de marzo de 1981 sobre "la actuación de elementos antisoviéticos bajo una máscara pro rusa [...]; sus reflexiones demagógicas sobre la historia y la cultura rusas no sirven sino para disimular sus intenciones de socavar el poder comunista".) Los suspiros que lanzan hoy los patriotas extraviados –"no había que derrocar al comunismo", que supuestamente "cimentaba tan bien a Rusia"– no son sino una lamentable capitulación frente a los asesinos.

Al suprimir obstinadamente y por la fuerza miles de aldeas "sin porvenir", el régimen de Brezhnev parecía basarse únicamente en consideraciones económicas (en realidad, mal comprendidas); al librar sin ruido ni anuncios la campaña más destructiva después de la colectivización estalinista, abandonando tierras de labranza valiosas hasta entonces no utilizadas, abandonando incluso toda la Rusia Central, el Buró Político de Brezhnev arrasó con muchos rincones de la Rusia profunda donde se conservaban la psicología, los usos y las costumbres del pueblo, y así ayudó a socavar los cimientos populares rusos. Si se le suma el proyecto imbécil y ruinoso de la "inversión de la corriente de los ríos del Norte", detenida a tiempo por la Voluntad Divina –con la caída de la camarilla de Brezhnev–, sólo cabe considerar una baladronada el mito ruso de que esos viejos avanzaban lentamente en el sentido de un "desarrollo ruso".

---

[1] A. N. Iakovlev, *Literaturnaia Gazeta* [*La Gaceta Literaria*], 15 de noviembre de 1972.

XXIII. El viraje de los círculos intelectuales

Si hubo algún renacimiento bajo el régimen agusanado de Brezhnev, fue el de la *intelligentsia* rusa multinacional: en su conciencia no parecía soviética, llevaba una vida intelectual rica que se concentraba por necesidad en las conversaciones privadas, el *samizdat** y las publicaciones en el extranjero. Estos medios en plena efervescencia dirigieron su atención a una serie de problemas contemporáneos; luego realizaron un vasto estudio histórico del cual no podía estar ausente el problema nacional ruso, visto bajo una nueva luz.

En los años veinte y treinta, millares de jóvenes intelectuales soviéticos se sentían comunistas de cuerpo y alma, participaban con fervor en el aparato del Partido y sobre todo en su propaganda, escribían libros y canciones que atontaban a las masas, películas "para el pueblo", y, súbitamente, ¿adónde fue a parar todo eso? La adhesión al comunismo desapareció de la noche a la mañana como si nunca hubiera existido (en algunos se había debilitado disimuladamente). ¿Viraje de la memoria? ¿Tendencia al olvido? A fines de la década de 1960 se escribía sin vueltas en el *samizdat*: "¡No somos nosotros quienes elegimos este gobierno!" Y una voz un tanto perpleja: Desde entonces se ha desatado una "furia revolucionaria *para llegar a ser todo*".** Entonces nos enteramos de que el único responsable de la revolución es el pueblo ruso en su conjunto y nadie más: "La idea rusa es el contenido esencial del bolchevismo", "el pueblo ruso es opresor, por eso no tiene derecho al nacionalismo, que es un 'rusianismo' racista".

Rápidamente resultó claro que ese estado de ánimo no estaba limitado a los grupos pequeños. A partir de los años setenta se había extendido a los medios intelectuales de la capital y se expresaba en el *samizdat*; gracias a los emigrados a Occidente, los programas en lengua rusa de las emisoras occidentales lo hicieron llegar a millones de receptores en la Unión Soviética. Se explotó de buen grado la tesis

* Publicación privada. (N. de los T.)
** Véase el verso de *La Internacional*. (N. de los T.)

de la perversión innata del pueblo ruso y de su misma historia, que se remonta a los mencheviques y a los trotskistas desencantados por el giro de la revolución en los años veinte: la idea era hermosa, ¿pero con *semejante pueblo* se podía construir algo como corresponde? "Durante siglos, Rusia padeció una psicosis maníaco depresiva"; las "innumerables canciones lúgubres" de ese pueblo, la "monotonía de las melopeas rusas", reflejan el estadio inicial de esta tara psíquica que afecta a la nación...

Y en la misma tónica: en este país "el pueblo entero se funde en una masa reaccionaria"; "jugarse por la verdad del pueblo es engañarse"; en este país "las profundidades cristianas rozan casi siempre los abismos de bajeza moral"; "ningún país ha desencadenado tanto Mal en el mundo como Rusia".

Y aun más, junto con observaciones justas que hacen daño ("la Rusia actual se mira en los cristales de un despacho de bebidas"), hemos leído y escuchado lo siguiente: "Desde el fondo hasta la tapa, esta Rusia está llena de inmundicias"; "un chiquero de hombres"; "una letrina"; "¡he aquí vuestro país, vuestro pueblo!"... O bien los sarcasmos arrojados al pasar: "El país de los lelos y los bobos", "fondos = bajos fondos" y otras obscenidades por el estilo. En las publicaciones occidentales de autores soviéticos exiliados se encuentran juicios aun más fuertes: "La verdadera Rusia es la madre del vicio"; "La Ortodoxia es la religión de los patanes"; "Los habitantes infectos" de Rusia: estaría de más citar otros ejemplos, que son innumerables.

XXIV. La querella de los años ochenta

Para las voces que no pertenecían al *medio cultural* aceptado, la *Glasnost* proclamada por Gorbachov abrió la embriagadora posibilidad de hacerse oír, aunque no sin peligro. Hablar con voz fuerte (en Rusia como en otras partes) es el privilegio de pequeños grupos socialmente activos o bien de las voces y plumas profesionales. Para juzgar el carácter enfermo (o el grado de buena salud) de una sociedad, se debe apreciar en qué medida esta delgada capa de activistas es ajena (o no) a las necesidades y desgracias de la masa popular. ¿Debemos decir que es difícil imaginar una sociedad más enferma que la nuestra? A partir del momento en que la sociedad soviética culta obtuvo la libertad de decir lo que le venía en gana, aparecieron "demócratas" y "patriotas" que perdieron ese sentido de las proporciones, esos frenos interiores que permiten a la libertad de palabra conservar su facultad de raciocinio. El extremismo galopante de ambos campos disgustó a quienes los escuchaban y los alejó de aquellos que elevaban la voz.

Los *patriotas* (que eran numerosos y parecían unidos en su simpatía por un poder comunista que se debilitaba) no hicieron el menor esfuerzo por provocar la caída del régimen totalitario que estrangulaba a Rusia desde hacía setenta años. Y si derrochaban febrilmente su trabajo y su saliva, no era para evaluar nuestras pérdidas morales y físicas, los abismos de nuestra caída espiritual a lo largo de las décadas, ni tenían el fin de buscar fundamentos éticos fiables para el renacimiento del ser y el alma rusas. Cayeron en un extremismo ciego: la búsqueda de los culpables de las derrotas rusas en el siglo XX no en nosotros mismos, que obedecimos dócilmente las exhortaciones de Lenin a saquear y a clavar la bayoneta en el suelo en lugar de defender a la Patria, ni en la dinastía ni en nuestra elite dirigente que no tenía nada de francmansona; sino atribuir todas las desgracias al "sionismo" o directamente a los "judíos" y al mismo tiempo presentar una versión caricaturesca de los acontecimientos. Las expresiones de los patriotas se reducían a eso. A lo cual se sumó la organización *Pamiat*

[La Memoria] (nacida no se sabe dónde, pero aparentemente sin intenciones provocadoras); minúscula en sus fuerzas, pero calentada al rojo vivo por la pasión, atizó el fuego y durante dos años –dicho sin exagerar– provocó una batahola en el mundo que llegó a motivar una resolución amenazadora del Parlamento Europeo. A su vez el partido *democrático* cayó en el otro extremo del pánico: todo grupo patriota ruso en la URSS era "centuria negra"•, "chovinista", "reaccionario", "nazi". A los "rusófilos" se los llamó "rusistas" y reapareció la frase "los cobardones rusos": esa simpática expresión que estuvo en boga sesenta años antes, durante la expansión del comunismo, no había caído en el olvido. Simultáneamente, perdieron de vista los fines esenciales de la democracia, a tal punto es duro el camino que conduce a ella desde el totalitarismo. Creyeron, equivocadamente, que tenían suficiente autoridad para ejercer su influencia sobre el nuevo régimen y el rumbo de las reformas.

No obstante, la misma *Glasnost* había posibilitado un diálogo libre entre las voces del país y las del exilio reciente. De éste provinieron juicios igualmente perentorios: "Rusia se encuentra en el mismo lugar donde estaba hace un siglo: en la mentira";[1] "Con frecuencia oímos decir que [...] el pueblo ruso tiene derecho a pretender el desarrollo de su identidad"; "Los rusófilos constituyen hoy una fuerza importante cuyo peligro se suele subestimar"; "Para combatir esta amenaza, la mejor solución sería la consolidación [de los progresistas y demócratas] con el aparato del Partido, la KGB y las estructuras económicas".[2]

Esa "consolidación" no se produjo, pero crecieron los ataques contra los "rusófilos": "El llamado renacimiento ruso es una corriente fascistizante". A los escritores "campesinos" se los trató con rudeza como "autores de pogromos" y "fascistas" (tanto en las emisiones de Radio Liberty como en la prensa). Cuando Valentin Rasputin insiste en la pureza de los orígenes rusos, "eso no huele bien". Cuando los patriotas exhortaron a fortalecer la familia y la moral, acrecentar la natalidad y proteger la naturaleza, una revista moscovita habló de "mezcolanza grandilocuente". El dolor que se siente al comprobar la des-

---

[1] A. Ianov, *La idea rusa y el año 2000*, Nueva York, Liberty Publishing House, 1988, p. 216.

[2] A. Katsenelinboigen, *Vremia i my* [*El tiempo y nosotros*], 1987, núm. 99, pp. 108, 118, 124a.

trucción y las desgracias que el comunismo infligió a Rusia no es sino "éxtasis masoquista, cuando [...] se desgarran la camisa hasta el
ombligo".[3] La prensa norteamericana apoyó y desarrolló este ataque
enérgico.

Radio Liberty llegó a ser en esos años una emisora legal en la URSS.
Inició una serie de emisiones, bajo el título *La idea rusa*, en la que
se burló de la historia y el pensamiento rusos, los envileció y exigió
expresamente "un cambio en el espíritu ruso"; aporreó los cerebros
rusos hasta hacerlos caer en la desesperación e inculcar en algunos
oyentes sentimientos de enemistad hacia los rusos. "¿No son los rusos un pueblo que pertenece al pasado, que ya no existe?" Una Rusia
desesperada y humillada oyó decir: "El totalitarismo es una propen-
sión atávica rusa" (11 de diciembre de 1989); "Entre los rusos, todo se
construye sobre los huesos y la sangre, el pueblo ruso es incapaz de
utilizar el Bien" (27 de octubre de 1989); "Hablar de patriotismo ruso
en semejante país es simplemente deshonesto, indecente" (12 de
enero de 1989). (Estas emisiones se retransmitían con tanta insistencia y convicción que no sólo *obedecían las directivas* de los socios
capitalistas sino que expresaban los fogosos sentimientos personales
de sus autores.)

En esos años se produjeron masacres masivas entre las poblaciones de Azerbaidzhán, el Transcaspio, Kirguizistán, Tadzhikistán, Karabaj, Osetia Meridional, *todas* fuera de Rusia y sin la menor participación de los rusos. Lo cual no impidió a la prensa soviética y la radio
norteamericana denostar solamente el "racismo ruso", el patriotismo
ruso que "huele muy mal".

Así se desarrolló durante años una áspera polémica entre las distintas ramificaciones de la sociedad soviética.

"Demócratas" y "patriotas" se trenzaron a insultos en lugar de unirse contra el comunismo y la Juventud Comunista, siempre ladinos y
muy listos. Unos y otros eran visceralmente incapaces de hacerlo.
¡Desgraciado el país donde los calificativos de "patriota" y "demócrata" son considerados injuriosos! Mientras tanto, el aparato comunista
lograba reorganizarse como "nomenklatura democrática" especula-
dora y, juntamente con acaparadores astutos, hasta ayer desconoci-

---

[3] *Znamia* [*La Bandera*], 1990, núm. 1, pp. 212-215.

dos en el país, se adueñó de puestos y capitales. Habiendo ganado un tiempo valioso, sólo les restaba dirigir un breve saludo de agradecimiento a los antagonistas enfrentados a los costados de la ruta:"¡Gracias por pelearse!"

Esta disputa dejó sin posibilidades de expresión a las voces modestas y respetables de ambos partidos que se preocupaban por nuestro futuro en toda su compleja envergadura. De esa manera se ocultaron los verdaderos problemas. Entre los polos al rojo vivo se creó un espacio muerto en el cual las propuestas más meditadas y fecundas no lograban penetrar. El derrame de mazut* que dejó esta disputa aún contamina nuestra vida.

* Fuel oil. (N. de los T.)

XXV. Las enfermedades
del nacionalismo ruso

ENTRE NUESTROS grandes pensadores del siglo XX, S. Bulgakov, V. Vernadski, A. Losev, N. Loski, S. Frank, casi nadie se dedicó a estudiar en detalle el problema nacional ruso, salvo I. Illin, P. Struve y N. Berdiaev (pero el descarado juego de malabarismo de este último –Tercera Roma, Tercera Internacional– no se puede considerar válido; desde entonces tuvimos el Tercer Reich, el Tercer Mundo, la Tercera Emigración y la Tercera Vía; ¿qué pensamiento profundo podemos rescatar de estas comparaciones?). En segunda fila podemos mencionar a V. Rozanov y G. Fedotov. Después, durante muchos años, nos vimos privados de pensadores rusos exiliados o condenados al silencio.

Desde antes de la revolución, los estudiosos del problema nacional ruso en el mejor de los casos eran hombres de Estado (lo cual solía darle un cierto tinte oficial) o periodistas políticos. Estos últimos eran de escasa envergadura y los escritos de algunos de ellos, virulentos y groseros hasta la injuria, asqueaban y disgustaban al público culto. Se tenía la impresión, conveniente para los críticos, de que el periodismo nacional ruso era esencialmente ruin.

Ese nivel no pudo sino descender durante la destrucción, represión y asfixia de la conciencia nacional rusa perpetradas por el comunismo. En las décadas de 1960 y 1970, cuando una generación totalmente nueva despertó de la amnesia inducida por los bolcheviques durante medio siglo, el proceso resultó doloroso, tanto habían cambiado las condiciones de vida y tan profunda había sido la ruptura con la tradición (era casi imposible hallar los viejos libros, rigurosamente prohibidos). Los jóvenes intelectuales debían buscar respuestas y soluciones a partir de la nada. Unos (como el grupo de I. Ogurtsov*, la Unión Panrusa Socialcristiana de Liberación del Pueblo) definieron con razón al comunismo como la fuente principal de todos nuestros males y crearon una organización clandestina para derrocarlo, pero el gobierno la destruyó rápidamente, ante la indiferencia e incluso la aprobación de la sociedad. Otros (el grupo de V. Osipov*, *Vieche,* la revista *samizdat*),* conscientes de su debilidad social, se vieron obligados a adherir a cualquier cosa sólida que ya existiera para mantener y protegerse. Se dejaron engañar por el mito de un "presunto comienzo de transformación nacional del comunismo", que veía en éste no al pervertidor del pueblo ruso sino a su salvador:"Creó una gran nación, ¿quién sabe si no está en proceso de realizar nuestro gran destino mesiánico?" Habiendo olvidado o perdonado las decenas de millones de víctimas y la furia leninista contra los rusos, se preguntaron:"¿Serán incompatibles el patriotismo ruso y la visión marxista leninista?" Por el contrario:"El patriotismo y el comunismo no pueden existir el uno sin el otro";"El comunismo ruso es el camino propio de Rusia";"La política nacional de Lenin es la solución acertada del problema nacional ruso...". Con estas fórmulas monstruosas devolvieron vida al nacional bolchevismo de los *smenovejovtski**,** olvidando que durante los primeros quince años del régimen bolchevique ni siquiera se podía pronunciar la palabra "ruso". Además consideraron que la colectivización era un don que el campesinado había pedido a gritos (esto también lo oímos en boca de A. Zinoviev*).

Es inevitable que un sentimiento nacional sistemáticamente reprimido se manifieste en extremismos malsanos y violentos; de los insultos siempre puede esperarse una reacción agresiva, incluso chovinista. Ya en la década de 1970 en la URSS se expresaba en una interpretación de todos los sucesos mundiales y la historia rusa como resultado de las acciones de masones y judíos. En los años de la *perestroika,* cuando volvió a plantearse el secular desastre nacional ruso, se buscó desesperadamente a los culpables en todas partes menos en uno mismo. Cuando el pueblo se vio decadente, engañado, saqueado, miserable y despreciado por todos, los medios de comunicación liberados estallaron en pullas e injurias. La reacción fue tanto más enfermiza: un nacionalismo popular altanero, arrogante, fuera de lugar en semejante situación, en realidad, patético. Con estas acciones intempestivas, agresivas, llenas de amenazas, lo único que hemos logrado es

---

* *Vieche*: asamblea de ciudadanos de la Rusia prerrevolucionaria. (N. de los T.)
** *Smenovejovtski*: los que sustituyen los hitos. (N. de los T.)

agravar nuestra espantosa decadencia histórica, en una situación de por sí desesperada.

Nuevamente, la aplastada conciencia rusa se vio tentada de encontrar el apoyo perdido en la unión del nacionalismo con el bolchevismo. Esto provocó un embrollo, una confusión increíble entre "blancos" y "rojos"; su "reconciliación" sobre fundamentos desconocidos; la creación de un "Bloque Patriótico" con los comunistas; y los patriotas que rechazaron este embeleco en las elecciones de 1990 sufrieron una derrota aplastante. (Éste es el momento de volver sobre la desvergüenza con la cual el actual Partido Comunista de la Federación Rusa, que ni siquiera se despoja del comunismo pasado al adoptar su nombre, pretende ser un movimiento popular, patriota y defensor de la religión ortodoxa. Y *ni uno* de sus dirigentes de hoy se arrepentirá o siquiera hablará de cuántos patriotas y ortodoxos eliminaron, fusilaron, redujeron a cenizas. ¡Qué indecencia, poner entre comillas "los horrores del bolchevismo", diciendo que "eso pasó hace medio siglo y ha caído en el olvido"![1] No, este crimen cósmico es y será una mancha indeleble para el comunismo.) Paralelamente, los nuevos teóricos de la desgracia se abocaron a buscar la forma de salvar a los rusos por medio del "eurasianismo" o de deshacerse del cristianismo con ayuda del neopaganismo: "¿Quién sabe si no es así como se revelará la nueva verdad de Rusia?"

En esta confusión se disolvieron y quedaron sin influencia las escasas voces patriotas razonables. Pero son precisamente ellas las que expresan el sentir de la masa sana del pueblo.

*

Y sobre este derrumbe sin remedio de la conciencia nacional rusa, a lo largo del desastre general de los años noventa, cayó el mismo derrame de mazut.

En la era de Stalin se descubrió que los términos "nacionalsocialismo" e "hitlerismo" no eran buenos para injuriar, y entonces se tomó de los italianos una palabra que se prestaba a todo: "fascismo". Inmediatamente la adoptaron los de la *derecha comunista* que en los

---

[1] *Sovietskaia Russia* [*La Rusia Soviética*], 10 de enero de 1988, p. 2.

campos nos trataban de fascistas, a nosotros, los presos políticos, incluso los que veníamos del frente. Desde el tiempo de la *perestroika* se hizo habitual calificar de fascista a Rusia, la potencia que, más que ninguna otra, liberó al mundo de Hitler. Detrás de esos círculos pequeños pero apasionados de nacionalistas rusos, ¿se esperaba ver una fuerza agresiva de un millón de personas? Se oyó a los semiintelectuales de tendencia radical demócrata y a las radios extranjeras denunciar la marcha a tambor batiente del "fascismo ruso"; las páginas de los diarios moscovitas agitaron sus alas, aterrados.

Nuestro prudente presidente de Rusia reaccionó con rapidez. A mediados de enero de 1995, inmediatamente después de nuestra patética derrota en Chechenia, en medio de la sangre y el llanto de los habitantes en peligro y los mismos combatientes, se convocó a un Foro Antifascista Mundial en Moscú para combatir la terrible amenaza. En su carta de febrero a la Asamblea Federal, el presidente no exigió poner fin al baño de sangre en Chechenia, pero sí exhortó a la procuración y los tribunales a proteger al país de la ideología fascista. De una ideología que jamás existió en Rusia ni siquiera como amenaza.

El sello infamante de "fascista", como en otro tiempo los de "enemigo de clase" y "enemigo del pueblo", actúa como medio eficaz para desconcertar y hacer callar al interlocutor, hacerle sufrir medidas represivas. Ese sello se emplea de acuerdo con las circunstancias. El intento de proteger nuestra existencia nacional del ingreso masivo de bandas de no trabajadores provenientes de los países asiáticos de la CEI (¿y qué país europeo no enfrenta hoy problemas similares?) ¡es fascista! Eso dijeron muchos diarios.

Uno se frota los ojos: porque si se advierte una crueldad salvaje, bestial, al borde del desenfreno (una definición que se corresponde perfectamente con los bolcheviques de los primeros años), hay que decirlo claramente o inventar una palabra nueva. ¡Pero no se puede marcar con el *sello infamante* de "fascista" al pueblo que venció a Hitler!

Comparemos: durante los mismos años, los nacionalismos más duros e intransigentes florecieron en Asia Central, Transcaucasia, Ucrania (con las unidades de asalto de la UNSO y la reunión legal de los veteranos de la antigua división SS "Galitzia" en Lvov) sin que les aplicaran el sello de "fascistas". Es imposible no ver en esta campaña una clara intención: a fuerza de clamar contra el "fascismo ruso", se logra quitar a la conciencia rusa toda posibilidad de renacer.

Sí, las formas intransigentes de nacionalismo aparecidas en el planeta constituyen una enfermedad, sin excepciones. Y el nacionalismo patológico es peligroso ante todo para su propio pueblo. Pero no será con retahílas de insultos intolerables, sino por medio de una pedagogía que eleve la conciencia, que se lo transformará en un nacionalismo positivo, creador, sin el que ningún pueblo de la Historia pudo construir su existencia.

¿Los rusos seguiremos existiendo?

XXVI. El patriotismo

PROBABLEMENTE existen muchas definiciones del patriotismo. Aquí propondré la mía, la misma que, de regreso en Rusia, repetí muchas veces en reuniones públicas en distintas regiones y que siempre recibió una buena acogida. "El patriotismo es un sentimiento fuerte e íntegro de amor por la patria; es estar dispuesto a sacrificarse por ella, a compartir sus desgracias, pero con la condición de servirla sin obsecuencia, sin apoyar sus pretensiones injustas, sino con la sinceridad de reconocer sus vicios y pecados y de arrepentirse de ellos."

El patriotismo es un sentimiento orgánico, natural, no exige justificación ni fundamentación, y todos los agregados que se le hacen ("socialpatriotismo": un insulto de la izquierda leninista; "nacionalpatriotismo": un insulto actual) son producto de la incomprensión cuando no de la irresponsabilidad deliberada. Anteriormente P. Viazemski* le agregó el epíteto *kvasnoi** (patriotismo provinciano), que se ganó los favores de los liberales rusos. Pero ésta es la soberbia del aristócrata frente al amor ingenuo, impregnado de hábitos cotidianos, que sentía el pueblo ruso por su país.

Entre nosotros es de buen tono fustigar el patriotismo al asimilarlo al fascismo. En Estados Unidos, el patriotismo es un sentimiento muy valorado. No sólo nadie se avergüenza de él sino que se lo vive con orgullo y los diversos grupos étnicos encuentran su unidad en él. En cada aula escolar está la bandera nacional y en muchas se le presta juramento de lealtad.

En Europa y en muchos otros lugares el patriotismo es un bien inalienable del país; es un principio que da unidad al pueblo sin separarlo del resto de la humanidad. Desde luego que, como todo sentimiento humano, puede caer en desviaciones o aberraciones.

Lo mismo sucede con el concepto moderno de "libertad", exaltado en todo el mundo pero especialmente en la Rusia afectada por una serie de "traumatismos", hasta el punto de olvidarse de todos los

---

* De *kvas*, una bebida popular. (N. de los T.)

deberes y desconocer toda responsabilidad. Ahora bien, sólo somos seres humanos en la medida en que sentimos constantemente en nuestro seno y por encima de nosotros cuál es nuestro deber.

Y así como una sociedad no se sostiene sin asimilar el sentido de la responsabilidad cívica, un país multiétnico no puede subsistir si se pierde ese sentido con respecto al Estado común.

En momentos graves de su historia, un país multiétnico debe recibir el apoyo entusiasta de todos sus ciudadanos. Cada nacionalidad debe estar convencida de que la defensa común de los intereses del Estado en su conjunto es una necesidad vital.

Pero ese patriotismo no existe en la Rusia de hoy. Se alienta constantemente el patriotismo de las entidades autónomas; la situación caótica ejerce su influencia y a eso se suma la actitud francamente indigna de las autoridades del Estado, que han perdido todo crédito moral a los ojos de la población. Un oficial presente en una de mis reuniones en Iaroslavl me dijo: "La nueva Rusia no se ha afirmado como patria".

XXVII. La pérdida de la conciencia nacional

No obstante, si aceptamos el concepto de *patriotismo cívico*, no por ello debemos abandonar el de *patriotismo nacional*. En los países monoétnicos ambos son uno solo. En un país multiétnico como el nuestro, el patriotismo nacional es un componente que refuerza el patriotismo común a todos los ciudadanos. Desgraciado el país en el que ambos están desarticulados. Las características señaladas se aplican al patriotismo nacional: estar dispuesto a compartir las desgracias, a sacrificarse, a servir pero sin obsecuencia; y naturalmente, sentirse parte indiscutible del pueblo.

El amor por el propio pueblo es tan natural como el amor por la familia. Nadie puede reprochar este amor, que merece todo el respeto. En un mundo contemporáneo revuelto y disoluto, tratamos de conservar nuestra *familia*, la juzgamos con una medida hecha de comprensión interior. La patria también es una familia, pero en otro nivel y de otra dimensión: sus vínculos, que no tienen igual, constituyen su unidad: lengua, tradiciones culturales, memoria histórica común, así como las tareas que la aguardan en el futuro. Siendo así, ¿por qué el instinto de conservación de una nación habría de ser pecado?

Muchas nacionalidades de nuestro país, de las más pequeñas a las más grandes, sin duda superan claramente a los rusos por su patriotismo. Su sentimiento nacional es firme.

¿Y el nuestro? Está pisoteado, hecho jirones. Durante el breve período de la guerra con Alemania se lo autorizó, exaltó, glorificó y una vez usado se lo descartó y transformó nuevamente en un espantajo.

Me refiero a un patriotismo ruso puro afectuoso, creativo, no uno extremista como el de aquel que dice:"Lo único válido es nuestra raza, nuestra fe" o aquel que eleva la nacionalidad por encima de todas las cimas espirituales imaginables, incluso por encima de nuestra humildad frente al Cielo. Y desde luego, no llamaremos patriotismo ruso a aquel que concierta una alianza cobarde con sus exterminadores comunistas.

No se prohíbe el patriotismo ruso directamente ni por decreto, pero pareciera que nos acercamos a ello. Fuerzas importantes tanto dentro como fuera del país se han movilizado para privarnos de nuestra personalidad.

¿Y nosotros? Nos sometimos. La voluntad de defender nuestra identidad, nuestra particularidad, nuestra espiritualidad distintiva, ha quedado hundida bajo el alud de nuestra derrota en el siglo xx. Somos muy pero muy responsables de nuestra decadencia.

Recordemos a Gogol:"Grande es el desconocimiento de Rusia en el seno de la misma Rusia". Recordemos también a Iván Aksakov en su discurso sobre Pushkin:"¿Acaso la suma de nuestros infortunios y desgracias no deriva de la debilidad de la conciencia histórica rusa, la laxitud del sentido histórico entre nosotros, tanto aristócratas como demócratas?"

Lo más penoso es que los rusos carecen de conciencia de unidad, que siempre fue muy débil. Ahora que la mayoría de los pueblos de Rusia están hundidos en la desgracia, muchos se conservan gracias a su unidad y los esfuerzos de su gobierno local. En cuanto al pueblo ruso, está en la peor de las situaciones, porque en la concatenación de nuestras pérdidas hemos perdido también los lazos salvadores que nos unían y, con ellos, el sentimiento de nuestro *lugar* en el país.

Nuestra conciencia nacional ha caído en el letargo.

Vivimos a medias, entre la amnesia sorda con respecto al pasado y los signos amenazadores de la desaparición por delante. Padecemos un desfallecimiento nacional.

En momentos en que crecen los nacionalismos obstinados en el mundo, la pérdida de nuestra conciencia nacional nos priva de fuerzas vitales e incluso del instinto de conservación.

Habiendo abrevado en la fuente de la amargura, después de todo lo que hemos padecido y padecemos en el presente, la decadencia y el debilitamiento son el sino que amenaza al pueblo ruso. Las causas y los campos de fuerza que nos arrastran a la decadencia se remontan a nuestro pasado remoto, pero hoy más que nunca se enlazan frente a nuestros ojos para formar un nudo corredizo.

XXVIII. El derecho a las raíces

Los rusos poseen una cultura propia, adquirida en el dolor. No la llamaremos milenaria, pero sí de no menos de seis siglos a partir de la expansión de la cultura ortodoxa en la Rusia Moscovita.* Sufrió una fractura cruel con Pedro el Grande; se la obligó por la fuerza a adoptar formas que le eran extrañas y se le impidió continuar su desarrollo. (Es lo que en geología se llama una *seudomorfosis*, una cristalización en formas extrañas.) Pero en el pueblo genuino, y a partir de la época de Pushkin también en las capas superiores, supimos conservar nuestra identidad. La Ortodoxia alimentó nuestra particularidad espiritual a través de los siglos.

En la época soviética, la acción destructora provenía no solo del sector comunista sino también de los grandes esfuerzos por crear *una cultura soviética*, un remedo de cultura para reemplazar a la rusa. (La que más lo sufrió fue nuestra lengua, groseramente simplificada. En nuestro tiempo el pueblo ruso, hasta en el sector más culto, perdió el sentido y el conocimiento de su propio idioma en proporciones que causan espanto. Por emplear palabras rusas elocuentes, expresivas, tomadas del léxico vivo del siglo XIX, me calificaron de "innovador" y "experimentador" no sólo el común de los lectores sino también ciertos críticos rusos, algunos de los cuales eran de origen campesino: *ya no reconocían* sus propios términos populares. Recientemente, después de publicar en una revista de gran circulación un centenar de proverbios rusos raros, recibí una frondosa correspondencia en la que muchos se quejaban de no comprenderlos. Por ejemplo: *No alces la cabeza por encima del viento*, ¿cómo se interpreta esa frase? Pues, de la manera más útil para nosotros: no te des aires, no te creas más de lo que eres. ¡Qué buena lección, además, para nuestros nacionalistas furibundos!)

---

* La "Rusia Moscovita" alude al principado de Moscú, que prevaleció a partir de 1326 sobre la "Rusia de Kiev", constituida en el año 980. (N. de los T.)

En el curso de la última década la cultura rusa se vio deformada de una nueva manera al quedar expuesta a radiaciones perniciosas: los modelos que le ofrecían la sociedad, los canales de información y un sistema educativo sorprendido por la necesidad de reformarse cuando el país se purificaba de la ideología comunista. La descomposición de la enseñanza escolar es particularmente nefasta: para los adolescentes y los jóvenes rusos, Rusia está dejando de existir como entidad espiritual y fenómeno histórico. Ahora bien, sin un sentimiento nacional capaz de reunirnos, los rusos nos disolveremos en nuestro vasto país como materia étnica carente de rostro, como una masa amorfa. Se responderá que es *peligroso* exagerar la importancia de la nación, de la identidad nacional. No es nuestra intención, tanto menos por cuanto somos conscientes de que por encima de la nación está aquello que tiene que ver con el Cielo. Más aun, creemos que exagerar la importancia de la persona –lo que ha dado lugar actualmente al culto de los "derechos humanos"– no es menos desastroso para el devenir histórico: también la persona reconoce por encima de ella las instancias espirituales. Sin embargo, a pesar de su insistencia cansadora, ese culto no recibe reproche alguno.

Digámoslo de otra manera: "¡Seamos como todos los pueblos! En ese sentido, como ellos, no nos avergoncemos de nuestros orígenes, amemos nuestra lengua y nuestra dignidad!" Me parece oír las carcajadas: "¿Qué es eso de 'nuestra dignidad'?" Se equivocan: esta expresión tan razonable pertenece al precursor del sionismo ruso, Perets Smolenskin;[1] nos solidarizamos con él. O, como dijo algunos años más tarde otro precursor, Ajad Gaam: "Ante todo, hay que ocuparse del 'renacimiento de los corazones', del progreso intelectual y moral del pueblo".[2] Ésta es una gran verdad.

Pero hoy Rusia no sólo está quebrada espiritualmente sino también golpeada en su carne. A principios del siglo XX éramos el segundo país del mundo en cantidad de habitantes. Durante todo el siglo se produjo una destrucción masiva de rusos: en la guerra japonesa, durante la Primera Guerra Mundial, en el genocidio comunista y los sacrificios inauditos de la guerra germano-rusa; en estos tiempos de

---

[1] *Evreiskaia Entsiklopedia* [*Enciclopedia judía*], Petersburgo, tomo XIV, p. 404.
[2] Ibíd., tomo III, p. 480.

carestía perdemos hasta un millón de habitantes por año. Cada vez menos numerosos, cada vez más golpeados, vemos cómo disminuyen nuestras posibilidades de renacer algún día.

Nos hemos desembarazado del comunismo, pero esta liberación tardía nos ha causado nuevas pérdidas, hasta el punto de comprometer el futuro. No cerremos los ojos al desastre nacional, que no está controlado. Estamos a punto de perder nuestras tradiciones espirituales, nuestras raíces, todo lo que hace al carácter particular de nuestra existencia. Las fuerzas morales de Rusia están atrofiadas más allá de lo imaginable.

Pero no nos resignaremos ni nos dejaremos adormecer por las voces que dicen que nuestro período de "pasionalidad"* ha pasado y no se espera nada más de nosotros. Tampoco esperaremos que se produzca algún Milagro y las cosas se enderecen por sí mismas. Somos Rusia. La hicimos así y nos corresponde sacarla del atolladero. Si no queremos que el siglo XXI sea el último para los rusos, debemos hallar en nosotros mismos la inteligencia y las fuerzas para resistir desde ahora la ruina; cuanto más se esfuercen en destruirnos la vida, más obstinada deberá ser nuestra resistencia.

Sin embargo, ¿nos lo permitirá nuestro carácter nacional?

---

* Término acuñado por el historiador Lev Gumilov para designar los períodos activos en la vida de las naciones. (N. de los T.)

XXIX. El carácter del pueblo ruso en el pasado

¿Son lícitos los juicios sobre una nación en su conjunto? Formulamos muchos juicios sobre la humanidad como tal, sobre "las mujeres en general" o "la juventud en general", los habitantes del campo o la ciudad; en todos los casos se responde con razón que las diferencias existen. En todas partes reina la diversidad, un juicio global no abarca todo y se lo debe formular con prudencia; sin embargo, esto no le quita sentido ni peso.

Sin duda existe el carácter de un pueblo, aunque no se lo pueda hallar en cada individuo. Lo conforman los estratos sucesivos de la historia, las tradiciones, las maneras de ser y las ideas nacionales.

Un diccionario de etnología contemporánea nos enseña que el carácter nacional representa el conjunto de rasgos psicológicos específicos que se manifiestan en la conducta, el pensamiento, el sesgo espiritual. (Desde luego, entre ellos, algunos rasgos son comunes a toda la humanidad; otros, que son particulares, se encuentran también en otras naciones.)

Y si el destino de un hombre está determinado por su carácter, su personalidad, lo mismo sucede con el de un pueblo.

Los viajeros extranjeros, tan frecuentes en los siglos XVIII y XIX, observaron en muchas ocasiones la clarísima diferencia que presentaban la atmósfera de la vida y el carácter rusos con respecto a Occidente. Para los occidentales durante mucho tiempo fue "imposible reconocer" que Rusia era "todo un mundo único en su principio [...], con una vida propia, orgánica, original" (F. Tiuchev*).

¿A qué se debía una diferencia tan acentuada? ¿Únicamente a los meridianos orientales, a la proximidad de los pueblos nómadas agresivos, a la extensión de nuestros espacios, bosques y estepas? Todas esas características aparecen en las explicaciones de las particularidades del pueblo ruso. O bien se debía a que, a diferencia de muchas etnias que vivían en comunidades encerradas en sí mismas por vínculos de sangre, entre nuestros antepasados eslavos (salvo los polianos*) la comunidad era territorial. (Las tribus eslavas tomaban su nombre del lugar donde residían, no de su antepasado como hacían, entre otras, las germanas.) Cuando llegaba alguien a habitar entre ellos, aunque hubiera sido esclavo, no se lo consideraba un extranjero sino que podía integrarse a la comunidad y contraer matrimonio. No existía el repliegue sobre sí misma de la tribu basada en la descendencia sino solamente la unidad de la "tierra natal". De ahí lo abierto del carácter ruso, su aptitud para asimilar a otros pueblos. (Observemos otra diferencia notable: una de las características principales del sistema eslavo era que el poder se transmitía de abajo hacia arriba:"Las uniones de los pueblos eslavos en el siglo IX [...] eran Estados construidos de abajo hacia arriba".)[1]

Posteriormente la Ortodoxia determinó muchos rasgos del carácter ruso."Todos los principios nacionales que despiertan nuestra admiración, casi sin excepción, provienen de la Ortodoxia" (Dostoievski). No, no fueron los meridianos: fue la Ortodoxia la que nos separó del Oriente musulmán y budista. (En cambio, el carácter de los eslavos orientales influyó sobre la manera de asimilar la Ortodoxia, lo cual nos diferenció de los griegos.)

Hablando de siglos pasados, hemos visto en primer lugar el carácter de los campesinos, es decir, la abrumadora mayoría del pueblo. He aquí algunos rasgos que saltan a la vista:

- Una actitud de confianza humilde en el destino; los santos preferidos de los rusos son los contemplativos, humildes y bondadosos (no confundamos humildad con convicción y falta de voluntad); los rusos siempre sintieron afición por los pacíficos, los humildes, los simples de espíritu.
- La compasión; la presteza para ayudar a los demás, compartir lo necesario.
- El "espíritu de renunciamiento y sacrificio" que Tiutchev atribuía también a nuestros orígenes ortodoxos.
- La disposición a acusarse, arrepentirse, incluso públicamente, hasta el punto de exagerar las propias debilidades y faltas.

[1] A. G. Kuzmin, en: *Ruski narod...* [*El pueblo ruso...*], ob. cit., pp. 28-30, 35.

- La fe como sostén principal del carácter; la importancia de la oración;"El hombre ruso no puede vivir si su corazón no está en contacto con Dios" (L. Tijomirov*).

De ahí proverbios (normas de vida, leyes de la conducta) como los siguientes:

Pobreza no es vileza.
Si te sometes a la desgracia, la desgracia se someterá a ti.
A mayor tristeza, mayor proximidad a Dios.
La paciencia vale más que la salvación.

Y muchos más como éstos, con los que podríamos llenar páginas enteras. (Al espíritu occidental le sería difícil adoptar semejante línea de conducta.) Y avanzando aun más en la continuidad de esta visión del mundo:

- La presteza ante la muerte, la serenidad épica para aceptarla (L. Tolstoi y muchos otros autores rusos).
- Finalmente, no buscar a toda costa el triunfo exterior en la vida ni la riqueza; darse por satisfecho con un pasar modesto. Como dicen los proverbios:

Quien no se contenta con poco no merece más.
Quien vive por encima de sus medios no amasa bienes.

¿Pero cuál es el fin en la vida si no el éxito material? En la humanidad extraviada de hoy no encontramos una respuesta sensata a esta pregunta inevitable. El fin está oculto, los hombres sólo *viven por vivir* o a veces apenas para existir.

No es casual que, además de "ístina" [la verdad], haya nacido entre nosotros la palabra "pravda", con el mismo significado, pero en base a la raíz de justicia/derecho; un término casi intraducible. Aquí lo que cuenta es la verdad [*ístina*], la moral individual, la justicia social. Y esta no es una vida justa; lejos de ello, es sólo la aspiración a una vida justa.

Finalmente, desde luego sin relación con la fe cristiana, existen rasgos innatos y originales que se destacan en el carácter ruso (es imposible abarcar o citar todo lo que han dicho los observadores):

- Espíritu franco, sinceridad, espontaneidad natural, sencillez de conducta (que incluye una buena dosis de ingenuidad).
- Modestia.
- Mucho sentido del humor; los proverbios rusos lo reflejan en sus mil facetas.
- Magnanimidad: "Los rusos no son gente tenaz en su odio, no saben odiar por mucho tiempo" (Dostoievski).
- Buena convivencia; relaciones humanas amables; "Basta un encuentro efímero para que dos desconocidos se sientan próximos" (G. Fedotov*).
- Don de la simpatía, capacidad para "comprenderlo todo".
- La mayor amplitud de espíritu; "espíritu amplio, abierto a todo" (Dostoievski).
- Carácter generoso, amplitud en las decisiones:

Más vale morir cantando
que vivir entre lágrimas.

No estoy de acuerdo con los que dicen que el carácter ruso es proclive al maximalismo y el extremismo. Al contrario, la gran mayoría aspira a vivir modestamente, con poco.

No obstante, todo carácter es contradictorio, puede combinar oposiciones flagrantes, y así sucede forzosamente con individuos diferentes; no nos sorprendamos al encontrar en las líneas que siguen algunas propiedades que contradicen las precedentes.

S. A. Rachinski*, nuestro conocido pedagogo, decía que un mismo ideal moral que se lleva en el alma, "en las naturalezas fuertes se expresa en la extrema sencillez y modestia con que se realiza una hazaña" mientras que "en las naturalezas débiles entraña un sentimiento exacerbado de la propia impotencia". Chejov observa en su relato "En el camino": "La naturaleza ha dotado al hombre ruso de una capacidad extraordinaria para creer, una inteligencia aguda, el don de la reflexión, pero todas esas cualidades se reducen a polvo debido a la desidia, la pereza y la despreocupación soñadora". ¡Cuán familiares nos parecen esos rasgos, cuántas veces hemos podido comprobarlos! ¡Un carácter de contornos imprecisos, poco firmes, eso es muy propio de nosotros!

Maurice Paléologue, último embajador francés en la Rusia prerrevolucionaria –vivió aquí mucho tiempo–, nos dejó muchas observaciones acertadas. "La imaginación de los rusos jamás traza contornos precisos; en lugar de comprender la realidad, la sueña. Los rusos piensan mucho, pero no saben prever, son sorprendidos por las consecuencias de sus actos. Se consuelan diciendo *nichevó*, ("no importa"); éste es un rasgo de su carácter nacional, una manera de restar importancia al objetivo y de reconocer la vanidad de toda iniciativa, una autojustificación que explica la negativa a llevar las intenciones hasta el fin, una sumisión rápida al destino, la aceptación pasiva del fracaso.

Dice V. Kliuchevski*: "No trabajamos con constancia sino con movimientos bruscos"... aunque es verdad que suelen ser espectaculares. "El trabajo del ruso no tiene la flexibilidad del esfuerzo continuado; no tiene método ni medida" (S. S. Maslov, hombre público del siglo xx.) Lo que afecta más duramente el carácter ruso es la falta de método y medida, de perseverancia, de disciplina interior; sin duda, es nuestro defecto principal. (No hablaremos aquí de la deshumanización que provoca un alcoholismo desenfrenado y ciego.) Con frecuencia no logramos concentrar nuestra voluntad en torno de un eje de actividad. A veces flaquea la voluntad misma.

No obstante, las cualidades mencionadas han tenido como consecuencia la enorme paciencia rusa, universalmente reconocida (aunque criticada), basada en una gran resistencia física y espiritual. (Observamos que esta paciencia secular se basaba en la humildad más que en el miedo a las autoridades.)

Durante siglos, la conciencia jurídica, tan familiar para el hombre occidental, no se desarrolló entre los rusos. Su actitud frente a las leyes siempre ha sido desconfiada e irónica: se pregunta si es posible establecer de antemano leyes capaces de prever cada caso particular, ya que todos son difíciles. A eso se suma la venalidad flagrante de muchos de los que hacen la ley. Pero en lugar de conciencia jurídica, nuestro pueblo siempre ha vivido y vive en el anhelo de justicia. Esta aspiración, que no ha desaparecido, se expresa en el proverbio siguiente: *¡Perezcan las leyes con tal de que los hombres vivan con justicia!*

A ello se agrega la hostilidad secular de los rusos hacia la política y la cosa pública. Como dijo Chaadaev*, "al recorrer nuestros anales, encontraréis en cada página la acción profunda del poder... pero casi nunca la manifestación de la voluntad pública". Así como la hierba se inclina ante una ráfaga fuerte y luego se endereza intacta, el pueblo, cuando era necesario, sufría y soportaba las "acciones profundas del poder" sin cambiar de fe ni de convicciones. "El espíritu de los rusos se inspiraba más en la idea de la Justicia Divina en la Tierra que en el deseo de obtener la libertad exterior" (S. Levitski*, filósofo del siglo XX.) Menos aun aspiraba al poder: el ruso se alejaba de él, lo despreciaba como fuente inevitable de impurezas, tentaciones y pecados. En contradicción con ello, aguardaba con impaciencia acciones fuertes, pero justas, del gobierno y confiaba en los milagros. (En nuestra época, que recuerda la de las Heredades*, vemos cómo la masa depende constantemente del Príncipe: se deja dirigir por él, pone todo en sus manos, ¡y va a la guerra si él quiere!)

De ahí nuestra incapacidad casi total para unir nuestras fuerzas, organizarnos, lo cual nos perjudica más que ninguna otra cosa. "Los rusos son incapaces de actuar por medio de organizaciones creadas espontáneamente. Somos de esos pueblos que necesitan un conductor. Un buen jefe podría volvernos muy fuertes... Es difícil servir a Rusia individualmente, pero no sabemos actuar en forma colectiva" (V. V. Shulguin*).

Un proverbio lo dice muy bien: *Gavilla sin lazo no es sino paja*.

Así se crean esta impotencia y sumisión al destino que superan todos los límites y provocan estupor y desprecio en el mundo entero. Sin tomarse la molestia de analizar una estructura espiritual tan compleja, de dónde viene, cómo ha funcionado y seguirá funcionando y a dónde nos lleva, hoy está de moda en todo el mundo tratarnos como esclavos empedernidos.

XXX. La evolución de nuestro carácter

No se puede negar que el carácter de una nación no permanece eternamente inmutable. A lo largo de los siglos, a veces en algunas décadas, cambia en función del ambiente, la acción del paisaje sobre el alma, los acontecimientos que afectan al pueblo, el espíritu de una época rica en transformaciones. También el carácter ruso ha cambiado.

Nuestro "Período de los Disturbios"* del siglo XVII permitió a una capa dinámica de la población –los cosacos, para llamarlos por su nombre– entregarse a actos de saqueo y crueldad, pero no quebró los fundamentos éticos del pueblo, que permanecieron sanos.

El Cisma* del siglo XVII tuvo consecuencias mucho más profundas y determinantes. Abrió la grieta fatal sobre la cual cayó inmediatamente el garrote de Pedro I para aplastar sin miramientos nuestros usos y costumbres. Desde entonces y por mucho tiempo el carácter ruso original sólo se conservó, perdurable y obstinado, en el medio cerrado de los viejos creyentes*, a los cuales no se les puede acusar de desidia, desenfreno, pereza, falta de espíritu emprendedor –sea en la agricultura, el comercio o la industria–, analfabetismo ni menos aun indiferencia hacia los problemas espirituales. El carácter ruso que observamos desde hace tres siglos es el resultado de su alteración por el Raskol*, tan cruel como estúpido, desde Nikon* y Alexis Mijailovich*; después, el emprendedor y cruel Pedro y sus rígidos herederos.

En otro ensayo (*El "problema ruso" al final del siglo XX*, 1994) analicé cómo esos herederos, la dinastía petersburguesa, malgastaron las fuerzas populares. Todos saben que, por desgracia, la dinastía y la nobleza prolongaron egoístamente durante por lo menos un siglo el derecho de servidumbre de una gran parte del campesinado, abusando con ello de su humildad.

Y la reforma liberadora, además de llegar con un siglo de atraso, fue tímida, no dio suficientes tierras a los campesinos (y las dio vendiéndoselas, aunque fuese con créditos a largo plazo); careció de lucidez, no se preocupó de aligerarle al campesinado, tanto en lo económico como en lo social y moral, el tremendo golpe que significó la transición. Esto se reflejó de inmediato en la preplejidad del pueblo, que no pudo habituarse fácilmente al nuevo sistema de relaciones, al fulminante "golpe del rublo" (Gleb Uspenski*). Algunas capas de la población, aún no muy numerosas, se vieron afectadas por el trastorno de la vida cotidiana, la corrupción de las costumbres, los ataques de depravación y el creciente alcoholismo. Uspenski y muchos otros escritores rusos describieron el naufragio. En 1891, C. Leontiev escribió: "Nuestro pueblo es borracho, mentiroso, deshonesto, en treinta años ha tenido tiempo para habituarse a una vida inútilmente licenciosa y a pretensiones nefastas". Y predijo que de continuar así, el pueblo ruso, "en unos cincuenta años, de 'pueblo portador de Dios' [...] se transformará progresivamente y sin darse cuenta en 'pueblo que combate a Dios'". Esta predicción se cumplió al pie de la letra.

Encontramos un cuadro de alcoholismo popular a principios del siglo XX en el libro de Iván Rodionov*, *Notre crime* [*Nuestro crimen*]. El lector tiene la impresión de que no puede haber decadencia de costumbres más extrema y siniestra; pero el gran desborde aún está por venir... Leemos (1910): "¿Por qué no estrangular a todos los amos y repartir la tierra y los bienes?" "¡Matar a los amos!" (Nuevamente pensamos en la debilidad de la justicia como consecuencia de una de las reformas de Alejandro II.)

El general Denikin* nos deja el siguiente testimonio de su larga experiencia con los soldados rusos: "A principios del siglo XX se tambaleó la religiosidad popular. El pueblo perdió su fisonomía cristiana, se entregó a los intereses materiales más viles y empezó a encontrar en ellos el sentido de la vida". (Muchos observadores lo advirtieron.) Dice también Denikin: "El pueblo en su ignorancia no comprendía hasta qué punto se imponía la defensa de la nación, del Estado", lo cual durante la retirada de 1915 se expresó así: "El alemán jamás llegará hasta nosotros, los de Saratov".

En 1905, el fiel de la balanza se corrió hacia los incendios, el saqueo de las casas de los terratenientes; pero la asonada revolucionaria de ese año y los excesos delictivos de 1906, detenidos con firmeza por Stolypin*, no llegaron a lo profundo de las masas ni acentuaron notablemente la deformación del carácter popular.

Incluso en 1917, el Senado norteamericano ("comisión Overman") oyó decir al pastor protestante Simmons, que venía de pasar muchos años entre los rusos: "En ninguna parte conocí a un tipo de hombres y mujeres superior al que vi en las aldeas rusas, incluso en el medio obrero. Y siempre me sentí plenamente seguro entre ellos, hasta que llegaron al poder estos bolcheviques".[1]

Muchos han hablado de los saltos bruscos del carácter ruso, como el canciller de la emperatriz Isabel, A. P. Bestuzhev-Riumin[*]: "A la primera incitación, el pueblo ruso es capaz de iniciar un emprendimiento, pero una vez pasado ese instante recae en la sumisión total". El citado M. Paléologue dijo antes de la revolución: "Entre ellos el instinto impulsivo prima con exceso sobre la razón, se entregan fácilmente a los elementos. Estos impulsos que desencadenan bruscamente los instintos, modifican el carácter ruso hasta volverlo irreconocible".

Se da por sentado –en las letras rusas, lo dice una frase resumida y trillada de Pushkin–[*] que las sublevaciones en Rusia se caracterizan por una furia extrema, incomparable. ¿Acaso son el contraste de la infinita paciencia rusa? Pero según el célebre psicólogo Gustave Le Bon[*], que las ha analizado sutilmente y desde todos los ángulos, las acciones de las masas revolucionarias poseen características comunes que no dependen en absoluto de la nacionalidad, la raza ni el temperamento. Las exacciones y la violencia de la Revolución Rusa no fueron más furiosas y crueles que las de la Revolución Francesa o la Guerra Civil Española de 1936-1939. Iván Solonevich[*] dice con razón que las sublevaciones del Período de los Disturbios o de Pugachov[*] no eran anárquicas ni "carentes de sentido", "se realizaban en nombre de una monarquía legítima", con la convicción, acertada o errónea, de que con ellas se ayudaría a instaurar el poder de un buen monarca.

A partir de febrero de 1917 se manifestó el desborde terrible de los elementos, la desenfrenada licencia popular. En cambio, el golpe de Estado de octubre en Petrogrado y las luchas callejeras en Moscú tuvieron lugar sin la participación del pueblo; sólo actuaron peque-

---

[1] "Oktiabraskaia Revolutsia pered sudom amerikanskij senatorov" ["La Revolución de Octubre en la opinión de los senadores americanos"], *GIZ*, Moscú, 1927, p. 18.

[*] "Dios nos libre de ver una revuelta rusa tan insensata como cruel", en *La hija del capitán*. 1836. (N. de los T.)

ños grupos de uno y otro bando. No obstante, esta apatía no es menos eficaz que la explosión desenfrenada.

Los bolcheviques se apresuraron a aherrojar el carácter ruso y a emplearlo para sus fines. El período soviético, irónicamente, satisfizo el deseo de Leontiev de no quitar al pueblo ruso "esos vínculos y limitaciones exteriores que durante tanto tiempo arraigaron y desarrollaron en él la humildad y la sumisión [...]. Es necesario limitarlo otra vez inteligentemente en su libertad; detenerlo en la pendiente resbaladiza del libertinaje". Cosa que sucedió más allá de todo lo que cabía esperar.

Mediante una selección a la inversa, una destrucción cuidadosa de todo lo que se destacaba, sobresalía o demostraba pertenecer a un nivel superior, los bolcheviques modificaron sistemáticamente el carácter ruso, lo trituraron y retorcieron en todo sentido. En *Archipiélago* (cuarta parte, capítulo 3)* y en muchos artículos, escribí sobre la decadencia de las costumbres populares bajo el yugo comunista. Aquí me limitaré a una breve enumeración. Bajo un miedo paralizante, extendido por todo el país (no se temía sólo el arresto sino toda acción de las autoridades, frente a las cuales no había defensa jurídica posible; ni siquiera se podía escapar a la arbitrariedad mediante un cambio de domicilio), en una sociedad totalmente infiltrada por una espesa red de delatores, el disimulo y la suspicacia se hicieron carne en la población hasta el punto de que cualquier muestra de franqueza parecía una provocación. ¡Cuántos negaron a sus parientes más cercanos, a sus amigos caídos bajo la cuchilla! Cundió la indiferencia generalizada hacia los golpeados por la desgracia: era un campo de traición asfixiante. Había que mentir, mentir y disimular para sobrevivir. En reemplazo de los valores que morían crecieron la ingratitud, la crueldad, el deseo, insolente al extremo, de arribar a toda costa. Como escribió Boris Lavreniov* en los años veinte, después de la Guerra Civil: "Los bolcheviques hicieron hervir la sangre rusa a fuego vivo". Efectivamente, así fue, ¿y no se produjo una transformación total, una calcinación de nuestro carácter nacional?

---

* *Archipiélago Gulag: 1918-1956* (trad. cast. de Enrique Fernández Vernet), Barcelona, Tusquest, 1998. (N. del E.)

El régimen soviético favoreció el ascenso y el éxito de los peores individuos. ¡Lo sorprendente es que tantas personas conservaran los cimientos del Bien! Lo sorprendente es que no se produjera el derrumbe irreversible de nuestro pueblo: ¿cómo explicar, si no, que hallara esas fuerzas titánicas para combatir a los alemanes?

La guerra soviético-alemana, las pérdidas innumerables que sufrimos innecesariamente después de haber padecido las masacres internas, minaron las fuerzas del pueblo ruso, tal vez por un siglo o más. Descartemos la idea de que será para siempre.

El estancamiento del pueblo bajo Jruschov y Brezhnev no se caracterizó por grandes rupturas capaces de modificar el carácter nacional. Había llegado el momento, preconizado por Leontiev, de una sumisión soñolienta, en apariencia casi muelle. Los jugos del gigante ruso en decadencia escapaban para alimentar a las periferias, cada vez más maduras para separarse; por nuestra parte, éramos felices porque no se nos enviaba en masa al matadero.

Luego nos zamarrearon los dos Grandes Saltos, mal pensados y mal calculados, de Gorbachov y Ieltsin. Sin tiempo para darnos vuelta, hacer cambios, preparar a nuestros hijos y a nosotros mismos, proteger nuestros escasos haberes, saltamos –nos arrojaron– no al "Mercado" sino a la Ideología de Mercado (sin que éste existiera): "El hombre es el lobo del hombre", "Hoy te mueres tú, mañana yo". Este "golpe de dólar-rublo" asestado a la vida cotidiana, pero aun más a la psicología, tuvo más consecuencias que el "golpe de rublo" de los tiempos de Alejandro II. (Y con nuestra sangre hervida y vuelta a hervir a fuego vivo, establecimos un nuevo récord mundial de paciencia: vivir sumisos y sin pagar. Vamos, ¿por qué no cortar el cable militar subterráneo para vender un trozo de metal raro?)

La reforma de Gai-Chubai* fue más terrible para nuestro pueblo que la miseria generalizada: una nueva gangrena espiritual. Los más pacíficos, los más trabajadores, los más confiados resultaron los menos preparados para la poderosa ráfaga de la Descomposición. ¿Cómo podría el carácter nacional ruso, o lo que queda de él, lo que no ha sido destrozado, resistir esta Descomposición? ¿Con qué resto de magnanimidad, de compasión viva por la desgracia ajena, cuando

---

* Abreviatura irónica de Gaidar y Chubai. (N. de los T.)

uno mismo se encuentra en el límite del sufrimiento? Y sobre todo, ¿cómo proteger a los niños de esta perversión corruptora, insolente, triunfante?

Los viejos rasgos del carácter ruso, tanto los buenos que perdimos como los vulnerables que creamos, nos dejaron impotentes para enfrentar las pruebas del siglo XX.

Pero nuestra capitulación sin resistencia ante las influencias extranjeras, nuestro espinazo doblado, ¿acaso no provienen de ese espíritu de apertura universal del que hicimos gala en otros tiempos? Eso es lo que se manifestó en nuestra falta de cohesión y unidad interiores y en la manera como rechazamos a los repatriados que venían de las repúblicas. La indiferencia de los rusos hacia los rusos nos deja atónitos. Pocos pueblos demuestran semejante falta de solidaridad y ayuda mutua como el nuestro. ¿No será ésta la expresión de nuestra descomposición actual? ¿O de un rasgo inculcado en nosotros por los decenios soviéticos? En siglos anteriores conocimos los gremios de trabajo, una vida comunitaria activa... ¡quién sabe si los recuperaremos algún día!

Mientras tanto, no basta devolverle la salud al pueblo. Si se toma en cuenta las grandes exigencias del inminente siglo de la electrónica, si aún queremos tener presencia en el concierto de las naciones, debemos transformar nuestro carácter para hacer frente a la intensidad superior del siglo XXI. Ahora bien, en el curso de nuestra historia, tenemos la enorme desgracia de no habernos habituado a la intensidad.

El carácter ruso de hoy está quebrado, en suspenso. ¿Hacia dónde se inclinará?

XXXI. ¿Seguiremos existiendo como rusos?

SE DIRÍA que esta exposición requiere desde hace tiempo que expliquemos qué entendemos por el término "ruso". Antes de la revolución, el término designaba a los tres pueblos eslavos orientales (grandes rusos, pequeños rusos, rusos blancos*). Después vino la revolución a reemplazar a los grandes rusos, a suprimirlos. Nuestra lengua, al volverse insípida, nos privó de términos expresivos como *russi* y *rusichi*, y la denominación de grandes rusos ya no nos agrada. En lo que se refiere al contenido, el término comprende no sólo a los rusos de origen sino también a aquellos que, sincera y totalmente, por su espíritu, preferencias y devoción, se han inclinado hacia el pueblo ruso, su historia, su cultura y tradiciones.

A fines de 1919, durante la retirada del Ejército de los Voluntarios que presagiaba el derrumbe final, el general Piotr Wrangel* lanzó la siguiente exhortación: "El que es ruso de corazón está con nosotros". Es imposible ser más exacto. La nacionalidad no depende necesariamente de la sangre, sino de esos lazos íntimos y de orientación espiritual de cada uno. Es lo que determinó la composición del pueblo ruso: durante siglos fue en el Estado el pueblo *aglutinador*, a la vez que se convertía en la *nación conformadora*: muchos forasteros que trabajaban para el Estado o vivían aquí se sumergieron en la cultura y las costumbres rusas y se convirtieron en rusos de corazón.

Pero, por cierto, ¿nos reconocerán el derecho de llamarnos rusos? En los medios de comunicación de hoy no vemos que se interpreten los sucesos o se analicen las perspectivas desde un punto de vista propiamente ruso. Se ha llegado al extremo en que el uso del término "ruso" parece moralmente prohibido, como si fuera un desafío insolente: ¿Qué "entendemos" por eso? ¿De quién tratamos de "distinguirnos"? ¿Qué son las demás naciones? Pero las demás naciones se aferran a su nombre más obstinadamente que nosotros al nuestro. Hoy en los discursos oficiales se trata de volver a introducir el término *rossian* [de Rusia]. Éste tiene un significado, sí, pero como derivado del indispensable epíteto *rossisski* [propio de toda Rusia]. Pero este término no lo oiremos en ninguna conversación directa, natural, porque no tiene vida. A la pregunta "¿qué eres?", ningún ciudadano de Rusia dirá que es *rossianin,* sino tártaro, calmuco, chuvash o bien ruso, si es que así se siente. En el mejor de los casos, el término vago *rossian* resuena en los fríos discursos oficiales y hace las veces de certificado de ciudadanía. Pero no podremos afirmarnos o siquiera comprendernos si aceptamos la prohibición tácita de llamarnos "rusos".

Junto con estos valores universales existen los valores de las culturas nacionales que forman parte de ellos: no se les puede negar a nación alguna.

Iniciamos esta sección con la pregunta: "¿Seguiremos existiendo como rusos?" Esta pregunta está prohibida desde hace casi ochenta años, sea porque "conspira contra la educación internacionalista" o porque "impide poner en práctica las reformas democráticas". Pero se plantea de manera amenazadora: ¿mañana aún existirán los rusos en la Tierra? El censo de 1999 sin duda mostrará una caída brutal de nuestra población, ante todo a causa de la mortalidad creciente y la natalidad en baja. ¿Se decidirá el gobierno ruso a sostener la demografía rusa? Para ello se necesita un corazón atento y mayores recursos, desde ahora y durante muchos decenios. (La caída de las estadísticas demográficas se acentuará aun más en la medida en que los no rusos que antes se inscribían como "rusos" recuperarán sus nacionalidades; muchos rusos, al dominar las lenguas locales, dejarán de considerarse como tales.)

No obstante, como un indicador implacable, la pregunta gira y se plantea de la manera siguiente: *¿seguiremos existiendo como rusos?* Si nos salvamos físicamente, ¿sabremos conservar nuestra rusidad, la integridad de nuestra fe, nuestra alma, nuestro carácter, nuestro lugar en la arquitectura de la cultura universal? ¿Conservaremos nuestro espíritu, nuestra lengua, la conciencia de nuestra tradición histórica?

*

Muchas condiciones conspiran para impedir que los rusos conserven su unidad nacional. La primera es la suerte de nuestra juventud. ¿Será la escuela el lugar donde se enfocará la cultura rusa? ¿Garantizará la transmisión de la herencia cultural, la fuerza de la memoria histórica, el respeto propio del pueblo?

Apenas se consumó la secesión, los países de la CEI transformaron sus escuelas según la modalidad nacional. A su vez, las entidades autónomas rusas organizan activamente las suyas. Lo mismo hacen ciertas naciones rusas que no disponen de territorio autónomo. (En Moscú existen muchas escuelas de este tipo: judías, armenias, georgianas, tártaras, lituanas, etcétera.) Por su parte, los rusos se hicieron regañar por adelantado: ¿no será el *chovinismo* el que dicta "la necesidad de que el niño asimile profundamente la pureza de la lengua rusa, su historia, su cultura humanista y filosófica"?[1]

Ya en 1857 Uchinski* había elaborado un proyecto detallado de educación nacional ("popular", decía como Pushkin): un solo sistema de educación para *todos* los pueblos es tan imposible en la teoría como en la práctica; cada uno tiene el suyo. La cultura sólo puede ser fecunda en las formas nacionales; desde luego, no entre cuatro paredes aislantes sino en interacción con las demás culturas del universo. Más aun, el vínculo orgánico con las raíces y la tradición no debe impedir a los alumnos mantener un contacto intenso con su tiempo (no limitarlos a las rondas populares y los ejecutantes de balalaica).

Las exigencias del mundo moderno (con respecto a las cuales estamos constantemente desfasados) nos dictan no sólo la tarea de restaurar los valores perdidos sino también otra, mucho más compleja: edificar una Rusia nueva, como jamás existió hasta ahora. Ante todo, por medio de la formación escolar, sin la cual no se podrá crear la nueva capa intelectual.

Se trataría, por ejemplo, de innovar en la enseñanza de la historia nacional. Antes de la revolución, los manuales tendían a embellecer los siglos anteriores; en lo que hace a la historia contemporánea, omitían los dos últimos reinados. Es inútil hablar de la grosera tergiversación de la historia en los manuales soviéticos. Hoy, en medio del torbellino de proyectos irresponsables que vienen a deformarla aun más con *modificaciones* incesantes, ¿seremos capaces, tendremos tiempo para enseñar a nuestra juventud la historia nacional en toda su amplitud y veracidad, sin preconceptos? Pensemos en antologías de textos no sólo literarios sino también de documentos históricos y, en la enseñanza superior, de los pensadores rusos, incluso del siglo XX. Desde

[1] *Obchaia Gazeta* [*Gaceta General*], 22 de enero de 1998, p. 15.

luego que esos programas escolares deben incluir una exposición del papel de la Ortodoxia en nuestra historia y nuestra cultura. (Visité algunas escuelas donde se despliega esa clase de esfuerzos; no tienen apoyo del gobierno sino que son producto de la iniciativa del cuerpo docente. Me impresionó la atmósfera radiante que reina allí, las relaciones benévolas entre docentes y alumnos, como si esas islas escaparan a la maldad generalizada.)

Vista nuestra decadencia actual, es imposible pronosticar si seremos lo suficientemente perseverantes para construir esta escuela indispensable. Pero si no la creamos, si no retiramos a nuestros niños de esta atmósfera sombría e incoherente en la que brillan las chispas de una crueldad pagana y domina la pasión del lucro a toda costa, será el fin del pueblo ruso y de su historia.

Según la Carta de la ONU, los padres tienen derecho de impartir educación religiosa a sus hijos. Aun en estado embrionario, vemos que se crean aquí y allá, en medio de enormes dificultades, algunas *escuelas secundarias ortodoxas* donde se trata de organizar la vida intraescolar en el espíritu de la Ortodoxia. En las circunstancias actuales, la enseñanza específica de materias religiosas sin duda será menos eficaz que una impregnación general que abarcara la enseñanza de todo el ciclo de disciplinas humanistas, la estética e incluso las ciencias naturales. (Casi todas las materias que se estudian en la escuela pueden estar impregnadas de un sentido moral, si no religioso.)

Pero hoy el proceso real de la enseñanza secundaria en Rusia está orientado en un sentido francamente contrario a nuestra salvación. Azares de la transición y la ruptura: al expurgar los manuales comunistas, aparecen supuestamente despojados de la vieja ideología, pero no: en proporciones diversas, ahí está el fárrago de siempre. Debido a la catastrófica degradación de todo el sistema educativo de Rusia, la ruina de las redes de difusión y el precio inaccesible de los libros, escuelas y docentes dependen como nunca de los benefactores de todo pelaje, de los manuales gratuitos cualesquiera sean. Fundaciones extranjeras de carácter dudoso pero sumamente ricas, así como organizaciones seudorreligiosas, inundan el país con sus *iniciativas*, y este campo de influencia ha tomado por sorpresa a nuestro sistema educativo durante el período más difícil de la transición.

Sin ser pedagogos ni tener experiencia en la enseñanza escolar, muchos autores rusos (algunos radicados en el extranjero) lanzaron "iniciativas culturales" precipitadamente y en algunos casos con ligereza: buen número de cursos y manuales recibieron con facilidad desconcertante el visto bueno del Ministerio de Educación y una rápida publicación. En esos manuales se enseña a los alumnos, por ejemplo, que el propósito de la literatura no es la educación sino solamente un entretenimiento de buen gusto, al contrario de toda la tradición rusa. O bien se socava en los espíritus jóvenes todo respeto por la historia y los valores de su Patria.

Esta influencia desconcertante se traduce también en los métodos de enseñanza y en la apreciación de los conocimientos adquiridos. En lugar de un orden riguroso de conocimientos en la tradición del sistema educativo ruso, se ofrece un conjunto abigarrado de datos superficiales y dispersos, a veces retazos de información que dan mareos: bajo el pretexto de desarrollar en el alumno la "independencia" del juicio, se le invita a ejercer la función de árbitro de todo el material propuesto. Estos métodos incitan a los espíritus jóvenes a emitir opiniones tan perentorias como ignorantes, sometidas a los caprichos de la subjetividad, antes de haber asimilado sistemáticamente las bases de la materia enseñada. En consecuencia, al tomarse examen, no se exige una exposición coherente y razonada que exprese el proceso del pensamiento sino solamente el resultado: indicar "sí" o "no" o señalar tal o cual respuesta entre las posibilidades.

¿Cómo habría de nacer la nueva escuela rusa de este estado de ruina y confusión?

A su vez, el Ministerio de Educación ruso modifica los programas a toda prisa, sin reflexionar. Ya se han reducido las horas de enseñanza de lengua rusa y ahora se proyecta eliminar del todo esa disciplina, incorporándola a la de literatura. Con ello se daría el golpe de gracia al aprendizaje del idioma.

En medio del torrente de "reformas" e "innovaciones", la mayoría de los docentes están desconcertados y deprimidos. He anotado algunas frases significativas de docentes, muy alejadas de los criterios morales o del ansia desinteresada de saber. Oí decir, en una escuela de distrito, en el curso de "Historia de la Patria": "Hay que estudiar mucho para hacerse rico". Y en una derruida escuela rural, durante un curso de historia impartido a niños condenados a una vida de escasos conocimientos y pobreza: "Acaso alguno de ustedes llegue a ser, algún día, propietario de una fábrica. Y tú, Juan, ¿no quisieras ser presidente?"

XXXII. La Iglesia Ortodoxa en este Período de los Disturbios

EN EL TIEMPO de los bolcheviques la Iglesia estuvo tan sometida que, aparentemente, su liberación sólo podía provocar júbilo. Durante los primeros pasos no hubo inconvenientes. Pero la transición, para la Iglesia liberada como para toda Rusia, no podía ser tan sencilla.

Tanto menos por cuanto a las siete décadas de cautiverio bajo los ateos las precedieron cien años que no fueron de los mejores para la Iglesia rusa. Durante todo el siglo XIX, salvo por algunas excepciones, sus formas de vida y actividad se petrificaron. Al mismo tiempo, la mayor parte de la sociedad instruida se apartaba de la fe y de la Iglesia (debido también a su propio desarrollo). Y desde el siglo XIX hasta comienzos del siglo XX, un sector importante del pueblo pobre también perdió la fe y se apartó, lo cual constituyó una de las causas subyacentes pero decisivas de la explosión revolucionaria de 1917. Aparte de algunas hazañas de santidad en lo profundo de la Iglesia, la vida cotidiana de las parroquias se volvía asfixiante, como vieron claramente muchos jerarcas así como laicos apegados a la Iglesia (véase *Gente de Iglesia* de Leskov*). La reforma de la vida eclesial se volvía una necesidad imperiosa; a principios del siglo XX comenzaron los preparativos para un concilio, pero éstos cesaron por voluntad del monarca.

¿Cuál fue la actitud de la Iglesia rusa frente a la Gran Catástrofe de febrero de 1917, ese golpe de Estado insensato en plena Gran Guerra? El sínodo exhortó al pueblo a reconocer el caótico poder revolucionario como algo "proveniente de Dios"; pidió para aquél la bendición divina, no en términos amables y formales sino fervorosos y obsecuentes, firmados, escúchese bien, por Serguei Stragorodski* así como por el futuro patriarca Tijón* y el obispo Anton Jrapovitski*: las tres tendencias futuras de la Iglesia tendieron la mano a esta fuente pecaminosa de nuestras subsecuentes desgracias. (Y la Iglesia Ortodoxa en el extranjero, tan orgullosa de estar limpia de toda relación con el bolchevismo, que jamás dejó de lanzar imprecaciones furibundas hacia la del país por sus concesiones imperdonables al gobierno; ella, que en forma más imperdonable aun trata hoy de socavarla al crear parroquias paralelas, ¿no debería conservar el recuerdo de ese momento penoso?)

Luego llegó un acontecimiento cargado de esperanzas: el Concilio de 1917, pensado con madurez, reunido con éxito, pero interrumpido bruscamente por los cañonazos bolcheviques al Kremlin. A continuación cayó sobre nuestra Iglesia medio siglo de terribles persecuciones con el exterminio de decenas de miles de clérigos (familias enteras arrojadas a agujeros abiertos en el hielo, cuerpos destrozados a golpes de sable, hechos que han caído en el olvido); no existía nada parecido desde las persecuciones de la época romana. Miles de mártires dieron testimonio de fidelidad a la fe, eligieron con toda conciencia morir por Cristo; pero desgraciadamente su sacrificio y su heroísmo personal no pudieron servir de aliento al resto del pueblo ortodoxo y su iglesia, que, después de haber disfrutado de una existencia tímida y apenas tolerada bajo la legalidad precaria y recortada de 1943, cayó nuevamente bajo las grandes persecuciones ordenadas por Jruschov.

Hoy conviene guardar estos hechos en la memoria con compasión para comprender de qué derrumbe, de qué humillaciones, despojos y ruinas emerge nuestra Iglesia, que aún no recibe apoyo material.

En verdad, muchos querrían –y es una aspiración legítima– que la Iglesia Ortodoxa surgiera como una fuerza y autoridad independiente en el país, ya que el apoyo gubernamental debilita su espíritu. Quisieran que no participe más de emisiones televisadas que sacralizan demostrativamente un gobierno indigno y extraviado, sino que, con voz firme y segura, fustigue a los gobernantes que, por ceguera o con plena conciencia, favorecen a las fuerzas criminales; que eleve la voz con firmeza para asistirnos en el duro camino cotidiano.

Sin embargo, recordando la extrema debilidad física de nuestra Iglesia actual, su clero diezmado y frágil (se necesitarán largos años para remediarlo), no deberíamos lanzarle reproches sino asustarnos de nuestra debilidad e inconsecuencia: ¿cómo pudimos los fieles permitir que ocurriera? Los indiferentes a la suerte de la Patria no sirven para sacarla del atolladero.

Las dificultades actuales de la Iglesia distan de ser solamente materiales. Su función en la sociedad y la vida cotidiana choca con una serie de obstáculos. Mientras trata de disociarse del poder del Estado, no puede darle la espalda a la sociedad y sus necesidades más apremiantes. La tradición secular de una Ortodoxia extrasocial causa particular desazón en vista de la situación desastrosa del pueblo ruso y el país. Precisamente en estos tiempos de deterioro social se experimenta la mayor necesidad de ayuda espiritual (¿y de qué, si no?) en las vicisitudes de la vida. Algunos sacerdotes y parroquias realizan una gran obra fuera de los muros de los templos, ¿pero será ésta la aspiración consciente de la Iglesia en su conjunto? El catolicismo, el protestantismo y el islam son religiones socialmente activas y en ello se manifiesta naturalmente el vínculo entre el pueblo y su credo. La Iglesia Ortodoxa debe ocupar su lugar en la vida social rusa (incluso en el ejército), pero a la vez conservar su dignidad y no aceptar la profanación de los ritos (como la bendición frívola de cualquier patrimonio). Tampoco debe entrar en conflicto con otras religiones tradicionales de Rusia: debe evitar que la importancia de su función y el peso de su influencia lesionen la integridad de un país plurinacional y pluriconfesional.

La otra serie de problemas es propia de la Iglesia: la fragilidad de los seminarios reconstruidos, incapaces de proporcionarle al país sacerdotes altamente calificados; después de décadas de agresión bolchevique y del furioso ascenso de la conciencia neopagana, la dificultad de encontrar un lenguaje adecuado para una prédica convincente. ¿Cómo organizar la instrucción de los niños y la catequesis de los adultos que se acercan? He aquí un ejemplo de las discusiones en el seno de la Iglesia: ¿es lícito realizar los oficios, siquiera en parte, en ruso moderno en lugar del eslavo litúrgico? Y hay enfrentamientos entre tendencias: la de los reformadores, acaso demasiado insistente, y la de los ortodoxos acérrimos, que no sólo no tienen en cuenta el futuro sino que en términos generales quieren restaurar el espíritu y la estructura de la Iglesia prerrevolucionaria. (Ahora bien, nada en Rusia puede volver a ser lo que era antes de la revolución, y esto incluye a la Iglesia. La investigación y el movimiento son ineluctables, aunque se permanezca anclado en la tradición.) Los concilios anuales de obispos estudian estos problemas, pero se necesita mucha valentía para tomar plena conciencia de ellos y visualizar todas las consecuencias posibles. ¿Cuándo habrá una reconciliación sincera con nuestra rama fundamental, la de los viejos creyentes, no para "perdonarlos" sino para pedirles perdón por las crueles persecuciones que les hicimos sufrir en el pasado? ¿Será posible que aun hoy, cuando la Rusia arruinada ignora si va a poder subsistir, en estos tiempos de la Gran Desgracia, nuestro orgullo no nos permita reconocer que la vieja querella era infundada?

En nuestra época neopagana hay quienes fustigan al cristianismo "debilitante", presunta causa del fracaso de nuestra historia nacional. Otros exaltan el patriotismo a expensas de la Ortodoxia y lo colocan muy por encima de ésta. Desde luego, llegamos a la fe con nuestras particularidades y nuestras ideas tanto individuales como nacionales. Más adelante, durante nuestro progreso espiritual, si lo alcanzamos realmente, nos elevaremos a las grandes alturas, hasta tener una visión más vasta que sobrepase la idea nacional. Nuestra licuefacción nacional, ocurrida en el siglo XX, se debe precisamente a que perdimos la fe ortodoxa y caímos en un neopaganismo desenfrenado. Si renunciamos a la Ortodoxia, nuestro patriotismo también va a adquirir los rasgos del paganismo.

Hoy en Rusia se realiza una activa campaña "misionera" o de propaganda por parte de predicadores de confesiones, religiones y sectas extranjeras que desbordan de recursos financieros en comparación con la miseria de nuestra Iglesia. Todos esos predicadores (algunos de los cuales figuran entre los organizadores de la formación y educación de nuestra juventud) insisten en su *derecho jurídico* a hacerlo. Lo reconocemos. Pero el nivel de un veredicto jurídico no es tan elevado: el *derecho* existe como umbral mínimo de las obligaciones morales, sin el cual (y sobre todo por debajo del cual) la humanidad se rebaja al nivel de la bestia.

Ahora bien, sea en el plano histórico, conceptual, cultural, psíquico o de la vida cotidiana, esas variantes no pueden reemplazar a la Ortodoxia entre nosotros. Desde hace mil años nuestro pueblo crece y vive en ella. No nos corresponde descartarla sino hacer un uso razonable y puro de ella, tanto más en vista de las tentaciones nuevas que nos aguardan en el siglo XXI.

Recientemente, las medidas tímidas y sin duda imperfectas tomadas por el gobierno para proteger las religiones tradicionales de Rusia provocaron la furia de los diarios (difundida con júbilo por Radio Liberty), no contra todas las religiones ni como manifestación de ateísmo sino únicamente contra la Ortodoxia: nos amenaza la "ortodoxización de todo el país", una "Ortodoxia de cuartel". "El patriarca trata sistemáticamente de ligar el Patriarcado al MVD*." Peor aun: esta Iglesia "está impregnada de totalitarismo como de una leche materna", es "una de las palancas para el retroceso de la conciencia social", se anuncian sobre ella "revelaciones escandalosas" que incluyen "su colaboración con organizaciones criminales". Y esto no es nada: con ese descaro sin límites que pasa por gran estilo en la prensa rusa actual, se escribe que "el Patriarcado ha recibido el derecho de pernada"; "hoy no gobierna Ieltsin sino Alexis II*".[1]

Aquellos que se salvaron de la bota roja en la época en que se debía callar, hoy, cuando en Rusia se puede hablar, se burlan de la Ortodoxia y de toda expresión imperfecta de la fe, sin el menor respeto por las decenas de miles de mártires aplastados por esa bota. Las vísperas del milenio del cristianismo ruso tienen un sabor amargo.

Pero aun más dura es la situación de los obispos y sacerdotes que reflexionan e investigan: las formas eclesiales no pueden permanecer rígidas durante un nuevo milenio, exigen que se las desarrolle y ajuste en estos tiempos de cambio y agitación. Y los círculos que permanecen en una rígida inmovilidad no cejan en sus intentos de acorralarlos y hacerlos callar. ¿Qué corresponde hacer? Se considera que una discusión franca y a cara descubierta es una sedición religiosa, que introduciría en la Iglesia el espíritu de división, sin duda indeseable, en vista de los ataques que sufre desde afuera. La posibilidad de que la Iglesia reaccione encerrándose en sí misma y paralizándose provoca angustia y desazón.

Ahora bien, en la Rusia actual, pervertida, arruinada, desconcertada, aplastada, es evidente que sin el apoyo espiritual de la Ortodoxia jamás nos levantaremos. Si no somos una manada de seres irracionales, necesitamos un fundamento respetable para nuestra unidad.

---

[1] *Obchaia Gazeta* [*Gaceta General*], 31 de diciembre de 1997.

Los rusos debemos aferrarnos con firmeza y devoción a la Ortodoxia, uno de los últimos dones que no hemos perdido del todo.

Fue el espíritu ortodoxo, no el poder imperial, lo que forjó el tipo cultural ruso. La Ortodoxia que conservemos en nuestros corazones, costumbres y actos reforzará el sentido espiritual que une a los rusos más allá de las consideraciones étnicas. Si en las décadas próximas seguimos perdiendo habitantes, territorios y hasta el sentido de Estado, sólo nos quedará, imperecedera, la fe ortodoxa con la alta percepción del mundo que ella destila.

XXXIII. La autogestión local

La vida concreta y cotidiana de los hombres depende en sus cuatro quintas partes, o más, no de los sucesos a escala de todo el Estado sino de hechos a partir de la *autogestión local*, que rige el curso de la vida de la región que ésta abarca. Así, en los países occidentales, la vida se rige por una autogestión local eficiente en la cual cada uno puede participar de las decisiones que determinan su existencia. Sólo este orden de cosas merece el nombre de democracia.

¿Pero qué significaron para nosotros los soviets de diputados? Desde el comienzo, en 1917, los soviets (copia deformada del *zemstvo* prerrevolucionario) no fueron creados para representar a toda la población sino con fines políticos: como instrumento de la dictadura de ciertas categorías sociales (obreros, soldados) sobre otras. En el desarrollo ulterior de la revolución perdieron esa función y se convirtieron en meros elementos decorativos del Partido Comunista. Estaban sujetos a las instancias tanto locales como centrales de éste: "soviéticos de arriba abajo", según el verticalismo propio del sistema, lo que los despojó de los últimos rasgos propios de la autogestión local.

El golpe de Estado de agosto de 1991 fue el ahora o nunca para crear en Rusia una autogestión democrática popular: la "democracia de los espacios pequeños". El momento aún no había pasado en octubre de 1993, cuando se disolvieron los soviets. Pero nuestras autoridades centrales no dieron un solo paso en esa dirección, ya que sus cabezas estaban ocupadas con otros cálculos. Los primeros intentos de autogestión local fueron asfixiados por la rivalidad, pero también por el frente común de los partidos políticos (como en Krasnoiarsk a partir de 1991, cuando los comunistas llegaron a un acuerdo con los demócratas del partido Opción por Rusia; lo mismo sucedió en otras partes).

Una tras otra, ambas Dumas de Estado frenaron con su indiferencia la elaboración de una ley eficaz que hubiera permitido abrir los caminos legítimos y las posibilidades financieras a la autogestión local. Ahora bien, el artículo 12 de la Constitución de 1993 "reconoce y garantiza la autogestión local", su "autonomía" y el hecho de que "no forma parte del sistema de poder central". ¡Perfectamente, sólo resta otorgarla! Nada de eso: allí donde se pergeñó un símil de autogestión, resultó ser un mero apéndice de la administración estatal. (Por otra parte, en un remedo desconsiderado de la autogestión que no había creado, el poder del Estado arriesgó su propio verticalismo al consentir la elección de gobernadores y, en algunos lugares, hasta de administradores de distrito. Dada la parálisis actual del gobierno central, reconozco que esto puede alentar y facilitar la vida en las regiones, *pero de manera provisoria*. En una perspectiva a largo plazo, conduce a la pérdida de la unidad administrativa del Estado, a un posible separatismo, incluso a desmembrar el país. Ése es el precio que se ha pagado, estúpidamente, por temor a crear una autogestión local popular auténtica y ver al pueblo unificarse fuera del control del poder.)

¡Pero, vamos! Es más que necesario abrir un *camino legal* a la autogestión popular. Pero si cinco años después de la disolución de los soviets aún no lo hicieron, ¿cuánto tiempo más habrá que esperar? Aparentemente no sucederá en lo inmediato, y si algún día nos la dan, será limitada, sin financiamiento local. En algunas regiones, los gobernadores más lúcidos y sensibles, los que comprenden y observan las frustraciones de la población, tal vez vendrán de buen grado en su auxilio.

Porque aunque no se le abran los caminos, la administración local es de interés vital para el pueblo: aquellos que aún no han perdido el gusto por la acción deben hacerlo sin esperar la autorización legal de un Centro petrificado que necesitará todavía mucho tiempo para despertarse. En la Rusia actual, demasiadas cosas chocan contra la negativa oficial: es imposible, y punto.

El paso inicial debe ser la búsqueda paciente de soluciones a los problemas locales. Para ello hay que reunirse con cualquier pretexto: necesidades corrientes, profesionales, culturales, intereses cotidianos; deben formarse grupos activos: sociales, profesionales, culturales. Abocarse en todas partes a las tareas a corto o largo plazo, aunque sean unas pocas. Toda asociación de este tipo es una manera y un medio para superar el marasmo y la insensibilidad de los malos días.

Convertirse en la principal fuerza de trabajo en la autogestión local sería la vocación y la aspiración más tentadoras para nuestra *in-*

telligentsia provincial. Decir que nadie la convoca es quedarse corto: está en la miseria, barrida a un costado por la escoba de las reformas "de choque". Ahora bien, se trata de una *intelligentsia* honesta, competente, laboriosa, idealista, abnegada, caritativa. Digna heredera de sus antepasados de antes de la revolución, es uno de los escasos tesoros de este país.

Cualquier centro modesto, cualquier movimiento, toda iniciativa local –sea cultural, educativa, pedagógica, profesional, etnográfica, ecológica, agraria o, por qué no, hortense– constituyen los gérmenes activos de la autogestión local, incluso de los futuros componentes de sus estructuras.

Y son estas manifestaciones las que deberán unir sus fuerzas y empezar a dirigir la vida local de manera inteligente y salvadora, y no hacia el callejón sin salida al que nos arrastran muchas de las autoridades y los decretos. Es posible que, al principio, haya que constituir un frente común antes de que se pueda llegar a elegir auténtica y legalmente a los dirigentes locales.

Se responderá que *no sabemos* hacerlo, que nuestro pueblo tiene escasos conocimientos jurídicos. Sin embargo, podemos apostar que las desgracias que aquejan hoy a nuestro pueblo lo llevarán a aumentar rápidamente esos conocimientos. Que éstos se fortalecerán en el proceso mismo de lucha para crear una autogestión popular. Que, por otra parte, no se trata de llegar a una creación perfecta de una sola vez sino por aproximaciones sucesivas, a través de ensayos.

Otros preguntarán dónde están las personas competentes. ¿Y acaso hay gente capaz en la cúpula?

Vamos al factor determinante: ¿Cómo crear esto sin base financiera? ¿Cómo asegurar la independencia financiera de la flamante autogestión? En todas partes oigo decir: "Pagamos los impuestos, pero no queda nada para nosotros, para nuestra localidad". Sí, los impuestos sobre los bienes, las empresas, las industrias, el comercio local, los lugares de esparcimiento y el turismo deberían emplearse en el lugar (no de manera arbitraria sino de acuerdo con lo dispuesto por ley). Lo mismo se debería hacer con los impuestos sobre yacimientos de importancia local, las canteras, las arcilleras, los manantiales, ¡pero no sobre las riquezas del subsuelo! El subsuelo y los bosques de importancia nacional no pertenecen a la aldea, distrito o región ni a la república autónoma a la que le tocó en suerte; ¡pertenecen al Estado en su conjunto! Más aun, necesitamos una ley que ponga fin a la privatización del patrimonio local a precio vil.

Por último, no todos los nuevos ricos tienen corazón de hombre lobo. Algunos, de acuerdo con la costumbre rusa de siempre, están dispuestos a hacer beneficencia. Entre los empresarios recientes, que cuentan con medios sólidos, hay personas honestas que hacen donaciones a las buenas iniciativas. Mañana habrá otros. Los que son conscientes de sus responsabilidades para con el destino de Rusia tienen un amplio margen para mejorar la calidad de nuestro sistema de enseñanza, nuestra cultura e incluso mucho más. El pueblo jamás actúa en bloque, como una sola entidad; las premisas para una toma de conciencia y un impulso de la actividad jamás provendrán del pueblo en su conjunto. Los pequeños arroyos hacen los grandes ríos. Los problemas particulares se entrecruzan, se unen y acaban por fundirse en un movimiento único.

En los años penosos que nos toca atravesar, ahora que, como es evidente para todos, el gobierno de Rusia ha perdido el rumbo, no se podrá salvar este país sin una participación activa y vigorosa de la población.

Si no estamos dispuestos a organizarnos por nuestra cuenta, es inútil quejarse. Si lo logramos, nos permitirá verificar cuánto valemos y qué destino nos merecemos.

XXXIV. La verticalidad del *zemstvo*

La autogestión local creada sin demora podrá servir más adelante de punto de partida para la construcción progresiva de la "verticalidad del *zemstvo*".

En la Rusia inmensa y tan diversificada, un gobierno central que se extiende de arriba abajo no está en condiciones de garantizar la prosperidad del pueblo. Es indispensable una acción en sentido contrario, de abajo hacia arriba.

Hace cuatro siglos, en la Rusia Moscovita funcionaba el sistema de "cartas contractuales" entre un lugar (aldea, región) y el poder supremo: las obligaciones del lugar, sus deberes para con el Estado, y viceversa. Estas cartas están a disposición del público, su lectura asombra e instruye: hasta qué punto, hace cuatrocientos años, éramos más previsores, más responsables, nos teníamos mayor confianza recíproca. (Aun si el gobierno actual las firmara, ¿las respetaría?)

Rusia conocía la autogestión local desde el siglo XVI a través del *zemstvo*.* Fue suprimido por la dinastía petersburguesa, restaurado por Alejandro II y no dejó de ejercer una influencia viva hasta la revolución. Los bolcheviques, incapaces de tolerar el espíritu de iniciativa popular evacuaron los *zemstvos* en todas partes y desde el comienzo. (La memoria histórica de nuestro pueblo está a tal punto oscurecida, el temor heredado de los decenios anteriores es tan grande, que he oído decir: "¿Qué es el *zemstvo*? ¿No pretenderán obligarnos a entrar en él como en los koljoses?")

El *zemstvo* es la unión de todos los que viven y trabajan en un lugar determinado. Está al margen de la política, los partidos y las nacionalidades, no podría depender de un criterio partidista o nacional porque perdería su sentido y su misión.

---

* El *zemstvo* o asamblea provincial y comarcal era elegido por todas las clases sociales, aunque la nobleza terrateniente tenía una participación desproporcionadamente grande, tanto en los votos como en las bancas. (N. de los T.)

El sistema de *zemstvos* es una forma de *autogestión popular* vinculada en todos los niveles con los intereses y las necesidades del pueblo. Difiere sustancialmente del parlamentarismo habitual y del sistema electoral politizado vigente hoy entre nosotros, porque abre el camino a representantes del pueblo dignos, siempre responsables frente a los electores de su región.

La diferencia principal está en que las decisiones que se toman no se basan en el recuento mecánico de los votos sino en la confrontación *cualitativa* de los puntos de vista, tomando en cuenta los intereses de todos los grupos sociales representados en función de su aporte a la vida cotidiana del lugar. Esto difiere de la práctica actual, pero concuerda con la antigua tradición rusa en materia de discusiones y decisiones: desde la comunidad rural hasta el gobierno de toda Rusia se debe ponderar la *justeza de los argumentos* y no el número de votos; las opiniones particulares no deben ser ahogadas por el voto, es necesario buscar una mayoría que no sea simplemente matemática. Desde luego que la primera condición para ello es que las relaciones recíprocas estén impregnadas de buena voluntad, que se sepa escuchar y comprender al otro. Sin ello, no vale la pena emprender nada; sin ello, jamás habrá nada bueno entre nosotros.

Los *zemstvos* deben tener plenos poderes para distribuir los medios locales de manera diversificada: en educación, salud, defensa de la naturaleza, servicios contra incendios y catástrofes, agronomía, mejoramiento del suelo, vialidad y servicios públicos, ayuda a los necesitados, etnografía territorial, estudios estadísticos y decenas de orientaciones prometedoras; no deben convertirse en un *poder* en el sentido literal del término, como el administrador de la verticalidad del gobierno, sino en organismos capaces de sanar, vigorizar, educar, convencer, abrir vastos espacios para las fuerzas razonables y vivas de la población.

Ya que, en las condiciones actuales, el objetivo del *zemstvo* debe abarcar todo el espectro social, surge la pregunta: ¿Cómo puede construirse la autogestión popular en las *grandes ciudades*? No proponemos nada, conscientes de que existe una laguna que merece un estudio profundo. (¿Empezaríamos por la elección de jefes de *Zhek**, comités de edificio, de barrio, de calle?)

En términos globales se imponen cuatro grados de autogestión para el país: local, de distrito, regional y panruso. (El *uezd* o distrito es una palabra rusa tradicional, conocida por todos. Hoy sería cómodo darle el significado de zona administrativa, para diferenciarla de las circunscripciones dentro de las ciudades o los "microdistritos".)

En las elecciones en el *zemstvo* local (un grupo de caseríos o una aldea), por tratarse de una población homogénea, es evidente que se puede aplicar el voto mayoritario habitual sin lesionar la justicia. El distrito, en cambio, comprende una población diversificada en cuanto a ocupaciones e intereses sociales; los más importantes deben estar representados en el *zemstvo* del distrito. Para ello se puede adoptar el sistema conocido desde la antigüedad como "curia", una estructura profesional y corporativa: un grupo homogéneo de electores enviaría un representante al organismo electoral. En la base del *zemstvo* bastaría un síndico (remunerado) asistido por dos miembros del ejecutivo (ad honórem). En el ámbito del distrito, corresponde a la región decidir de acuerdo con sus particularidades el número de miembros de la asamblea del *zemstvo*, que no reciben remuneración alguna por ello; no son funcionarios sino voluntarios interesados en el bienestar de la localidad, tal es el sentido de su acción; solamente el organismo ejecutivo, el consejo del *zemstvo*, incluye unos pocos empleados remunerados. En la asamblea regional del organismo (a diferencia de lo que sucede en los parlamentos regionales, donde los diputados están a cargo del ejecutivo y por lo tanto dependen de éste) y el consejo regional de *zemstvos*, los gastos de funcionamiento no deben pesar excesivamente sobre el presupuesto.

Aquí aparecerá la objeción de siempre: ¿habrá suficientes personas desinteresadas, capaces de dedicar tiempo y esfuerzo a salvar el lugar donde viven? Si no los encontramos, significa que no valemos nada como pueblo. En ese caso sigamos debilitándonos y dejemos de preocuparnos.

Asimismo, en cada lugar, de acuerdo con sus tradiciones y maneras de pensar, se impondrá un criterio de edad y residencia para participar del *zemstvo*: para votar y ser elegido se impondrá una edad mínima que asegure la responsabilidad del elector y un tiempo mínimo de residencia que garantice su interés en los asuntos locales. El plazo de residencia y el arraigo son una condición importante en estos tiempos en que se acentúan los fenómenos migratorios. He aquí una propuesta que me han hecho, personalmente y por correo: cuando un delegado ha dado muestras de incapacidad, conviene que el proceso de remoción sea muy sencillo. Esta disposición permitiría ejercer el más eficaz control popular.

El sistema de los *zemstvos* resuelve drásticamente las dificultades nacionales: su carácter verdaderamente supranacional descarta toda selección de los administradores según un criterio de pertenencia nacional, a diferencia de lo que se practica hoy en muchas entidades autónomas, incluso cuando la nacionalidad titular es minoritaria; por el contrario, donde hay una etnia numerosa, de ella emana naturalmente la autogestión local. De esta manera una democracia auténtica, no puramente verbal, podrá disipar por sí misma las tensiones interétnicas. Todo privilegio o limitación derivado del criterio nacional socava el espíritu mismo del *zemstvo*. La creatividad nacional fomenta en todas partes las características religiosas, culturales, educativas y escolares. (Tal vez el tipo de vida tan particular de los pueblos pequeños del norte de Siberia, diseminados en un territorio inmenso, exigiría una forma de autogestión diferente.)

Durante estos últimos años, comenzó un movimiento espontáneo a favor del *zemstvo* en Rusia, pero no tardó en sucumbir a la falta de apoyo, la hostilidad de las autoridades o la carencia de medios.

Si alguna vez el *zemstvo* se reconstituye realmente (sea como fenómeno local o en mayor escala, como las ya existentes Uniones de *zemstvos* locales o el Movimiento ruso por el *zemstvo*), deberá enfrentar una serie de peligros, imprevisibles algunos, previsibles otros, además de los ya manifiestos. Primer peligro: el uso interesado del *zemstvo* por partidos o personalidades políticas como posible reserva de votos (ya se advierten las señales). Segundo peligro: la creación de un seudo "Movimiento de *zemstvos*", el empleo del término con una finalidad diferente. Tercer peligro: que los gobiernos locales utilicen la fuerza y las amenazas para dirigir el movimiento en el sentido que quieran. Durante mi viaje a Siberia, cuando exhortaba a mis oyentes a que no se equivocaran en las elecciones locales –ya que en las elecciones nacionales, por desconocer a los candidatos, era más fácil equivocarse–, ellos respondían: "Tenemos miedo de expresarnos en las elecciones locales porque corremos el riesgo de quedar acorralados a la vista de todos". Y un peligro más: dada la relajación actual de los derechos, la autogestión local puede convertirse en algunos lugares en una forma de poder autocrático.

La introducción del sistema de *zemstvos* sólo puede ser paulatina; como el crecimiento de un árbol, no admite plazos artificiales. Sólo después de crear con éxito el *zemstvo* local se podrán ampliar y desarrollar los métodos de eficacia probada para crear el de distrito y luego el regional. (Yo había propuesto la introducción gradual del sistema en mi libro *¿Cómo reorganizar Rusia?*) El proceso requerirá muchos años, para darle a cada nivel el tiempo necesario para familiarizarse con sus objetivos y elegir los delegados a la instancia superior. (Desde luego, contra este sistema, como contra cualquier otro, se objetará:"¡Sea como fuere, se infiltrarán oportunistas y ladrones!" Ésta es la filosofía de la desesperación: en tal caso, no se debe intentar ni emprender nada, hay que bajar los brazos porque estamos perdidos.)

No obstante, elevando la mirada hacia un porvenir más lejano, si algún día Rusia lograra algunos éxitos y adquiriese experiencia en la autogestión, podríamos tener la esperanza de llegar al estadio superior del sistema: la Asamblea de *zemstvos* de toda Rusia (que en nuestra historia se corresponde con las *Zemskie Sobory* [Asambleas Generales]). Generada por una experiencia múltiple de autogestión, consciente, abnegada, desinteresada, seguramente representará la *auténtica* voluntad popular, no la supuesta voluntad que remedan nuestros parlamentos politizados. Por su poder real y la diversidad de su acción, coronaría la línea vertical de autoridad de los *zemstvos*, lo más amplia posible en la base y limitada en sus atribuciones en la cima, pero poseedora de un gran peso moral. Según el viejo dicho ruso:"El poder para el zar, la opinión para el pueblo". Una opinión con peso será tomada en consideración. Kliuchevski observa que en la Rusia Moscovita las Asambleas Generales no se oponían al zar sino que colaboraban con él.

Esta "verticalidad" del *zemstvo*, erigida independientemente de la del gobierno (cuyas atribuciones, más amplias en la cima, se reducen considerablemente a medida que se acerca a la base), crearía en el país un *poder conjunto*, estructura propia tanto del Estado como de aquellos organismos: esto permitiría conservar la administración estatal centralizada y a la vez darle al pueblo el poder concreto de gestión sobre su vida. En cada nivel –local, de distrito, regional, supremo– la verticalidad del gobierno sometería la aplicación rigurosa de las leyes al control de los *zemstvos*, en tanto que la de éstos velaría por la honestidad y transparencia de la acción de gobierno. También el poder del presidente estaría sometido a la radioscopia atenta de las instancias superiores de los *zemstvos* (¡algo que nos hace tanta falta hoy!).

Así se debe edificar el gobierno, simultáneamente tanto desde arriba como desde abajo.

XXXV. ¿Y la resistencia?

El gobierno actual, satisfecho con su existencia tan rentable, no se preocupa en absoluto por los intereses del pueblo, no los conoce, y no son grandes las esperanzas de que los conozca mejor ante las próximas oleadas de conflicto social. Las exigencias morales son superiores a todas las que se pueda incluir en una Constitución, y la responsabilidad constitucional del gobierno no incluye la confesión pública de sus errores y fracasos.

La oligarquía –una junta aglutinada que se ha apoderado de las finanzas, las riquezas nacionales y ahora del poder– jamás aceptará ningún cambio de buen grado, y en caso de necesidad usará sin vacilar las fuerzas especiales que ha creado y reforzado.

Son vanas las esperanzas de que el gobierno actual, o el que lo reemplace luego de las "elecciones", saciado como está de sus millones, se interese por el destino de un pueblo en vías de extinción. Ni pensarlo. No hay nada más nefasto que aferrarse a las ilusiones, que nos quitan hasta la posibilidad de dar pasos en la dirección correcta.

Cercados por todas partes, ¿qué podemos hacer? ¡Cuántas veces he oído esta pregunta insistente en todos los rincones de Rusia! ¿Cómo despojarnos de nuestra inercia frente a la fatalidad? ¿Cómo sobreponernos al miedo? La historia universal conoce más de una exhortación valiente: "¡Libertad o muerte!" ¿Será posible que nuestra suerte se reduzca a gemir "Sumisión o muerte"?

Lo que está excluido es el recurso de las armas. Esto provocaría la destrucción total de nuestra vida y la ruina del pueblo. Los cánticos guerreros no conocen desenlaces felices.

¿Quién no lo comprende? Se nos han arrojado unas migajas de libertad, ¿cómo no aprovecharlas? Un ejemplo es el de los mineros, que intentaron crear "comités de salvación" independientes del gobierno. ¿Por qué no? Sin duda, es lo mejor que se puede hacer cuando se ha sacado al pueblo de sus casillas. Como siempre, nuestra salvación sólo puede provenir de nuestra actividad, de abajo hacia arriba.

Ah, si sólo fuésemos capaces de unirnos en verdad: realmente capaces de expresar nuestra furia por medios pacíficos, con el concurso de *todo* el pueblo, hasta que los dirigentes encerrados en su salón de mármol temblaran y reaccionaran por fin. En otros países, estas manifestaciones de masas cambian el curso de su historia. Mientras no seamos capaces de hacer lo mismo, ésta debe ser nuestra norma: "Actúa donde vives y trabajas. Pacientemente, con constancia, hasta el límite de tus fuerzas".

XXXVI. ¿Cómo construir?

En la actualidad la gran mayoría del pueblo ruso está abrumada por la impotencia, la expoliación y la miseria; pero no ocultemos la realidad, tomemos conciencia de algo aun más terrible: a lo largo del siglo xx el pueblo ruso en su conjunto ha sufrido una derrota histórica, tanto espiritual como material. Durante décadas hemos pagado por la catástrofe de 1917; ahora pagamos por salir de ella. Junto con el sistema comunista, terminamos de destruir lo que quedaba del fundamento de nuestra vida.

Tomar conciencia de ello no significa someterse ni aceptarlo, sino recuperar la razón en tanto aún no se han vencido los plazos. Tener tiempo de encontrar el camino hacia la salida y redoblar los esfuerzos para alcanzarlo, y, ante todo, recobrar nuestra salud interior.

Porque nuestra crisis espiritual es más dolorosa y amenazadora que el caos económico. Si se socava el alma del pueblo... es el fin. "Es en vano querer restaurar a Rusia sin conciencia ni fe" (Ivan Illin*).

Si en verdad somos capaces de despojarnos de la concepción materialista elemental que nos inculcaron durante décadas, a saber, que la existencia, sólo la existencia y siempre la existencia determina la conciencia, entonces es indispensable comprender y aceptar que nuestro futuro, el de nuestros hijos y nuestro pueblo, depende primordial e íntimamente de nuestra conciencia, de nuestro espíritu, no de la economía.

Han saqueado a Rusia, la han vendido a precio vil, pero hay algo aun más terrible: ¿de dónde vino esta tribu cruel, bestial, estos ladrones codiciosos que se apropiaron hasta del título de "nuevos rusos", que engordaron con tanto placer y elegancia con la desgracia de nuestro pueblo? Más funesta que nuestra miseria es esta deshonra ostensible, esta vulgaridad depravada y triunfal que se ha infiltrado en las capas superiores del Estado y que vomitan nuestros televisores. ¿Qué les queda por hacer a estos *killers* tan fáciles de sobornar? (¡Gracias a Dios, todavía no existe una palabra rusa para designarlos!)

¿Cuál es el límite de esta decadencia?

¿Quién puede servir de ejemplo a nuestra juventud? ¿De quién ha de sentirse orgullosa?

¿Somos realmente así nosotros, tal como nos conocemos en el transcurso de los siglos? ¿Acaso la divisa "ser el más rico" corresponde a nuestra tradición ancestral? La carrera desenfrenada que se ha apoderado de todos los espíritus para alcanzar el "éxito personal", el "triunfo a toda costa", ¿es un rasgo nuestro característico? Durante siglos se burlaron de nosotros porque no lo poseíamos.

¿Será posible que frente a esta nueva depravación abandonemos el alma de nuestros hijos sin decir palabra? ¡Los apartarán de nosotros, que nadie lo dude! ¡Ya estamos perdiendo una generación detrás de otra!

Las tierras perdidas no constituyen una verdadera pérdida para Rusia. Al cabo de tantas amputaciones de nuestro territorio, la densidad de población sigue siendo tan baja que el siglo XXI no podrá tolerarla. Junto con las "grandes" construcciones comunistas hemos destruido aquello que los demógrafos llaman la *trama viva del hábitat*. Aun antes de que los Estados con millones de rusos se separaran de nosotros, en el interior del país habíamos perdido a la misma Rusia, nuestra cuna sin "perspectivas".

No, no es la pérdida de vastos espacios lo que nos ha causado los mayores perjuicios. La vida espiritual del pueblo es más importante que el territorio, que el nivel de prosperidad económica. La grandeza de un país radica en el alto grado de desarrollo interior, no exterior.

Y el último bien que todavía no nos han arrebatado –pero están a punto de hacerlo; día tras día lo destruyen con esta atmósfera contaminante de pillaje que nos envuelve– es el Espíritu de nuestro pueblo. Durante los últimos cuatro años viajé mucho por Rusia, observé y escuché; puedo decir, incluso jurar si es necesario: ¡no, nuestro Espíritu vive! ¡En lo más profundo, aún es puro! Aquí y allá, en mis reuniones, no era yo quien lo decía sino a mí a quien trataban de convencer: "Con tal de que se salve el alma de nuestro pueblo... ¡se salvará todo!"

Sí. El Espíritu es capaz de torcer el rumbo de cualquier proceso, incluso el más desastroso, y apartarnos del abismo. Algunos no lo creen. Pero aquel que ha conocido en su vida la manifestación de la

Fuerza Suprema puede creer que después de todo un siglo de sumisión los rusos conservan la esperanza. No nos la han robado.

Que cada uno comprenda que no carece de valor, que *puede* tener influencia sobre lo que sucede, sea con intrepidez o con resistencia. De otra manera, ¿quién ha de tirar del carro? ¿Nuestros hijos? ¿Nuestros nietos? ¿Será más fácil para ellos?

No podemos espera nada de nuestros poderosos benefactores si antes no creemos ser los hacedores de nuestro propio destino. Si tenemos la voluntad de no desaparecer del planeta (lo cual es una amenaza real), nosotros mismos, con nuestras propias fuerzas, debemos sobreponernos a esta inercia fatal que nos aqueja hoy, cambiar nuestra conducta, sacudirnos esta fatiga indiferente con respecto a nuestro destino.

¿Cómo hemos de superar nuestro defecto sempiterno: la pasividad, la desidia en la vida social?

Por lo demás, todo vicio es el revés de una virtud. Chaadaiev, ese juez severo del destino ruso, escribió en una carta a Tiutchev: "¿Por qué hasta ahora no hemos tomado conciencia de nuestro destino en el mundo? ¿La causa no será ese espíritu de renunciamiento que usted describe acertadamente como el rasgo particular de nuestro carácter nacional?"

¿Quién sabe si ese espíritu de renunciamiento, entre otras potencialidades de nuestra alma, no servirá para algo?

*

Mi *espíritu*, mi *familia* y mi *trabajo* –concienzudo, obstinado, ignorante de la rapacidad fullera y ávida– es el único medio para escapar. Aunque el hacha caiga sobre la cabeza de los ladrones (pero no, no caerá), sin trabajo nada se consigue. *Sin trabajo nadie es independiente.*

El camino es largo, muy largo. Si bajamos por la pendiente durante casi un siglo, ¿cuánto tiempo nos llevará subirla? Años y años, sólo para tomar conciencia de todas las pérdidas, de todos los males.

Salvemos o no nuestra existencia física como Estado, la cultura rusa dentro del sistema de una docena de culturas universales sigue siendo un fenómeno particular, con rostro y alma propios. No es bueno consentir, por fatalismo, en la pérdida de nuestro rostro, olvidar el espíritu de nuestra larga historia. Podríamos perder más abandonando algo propio que lo que ganaríamos adoptando lo ajeno.

Debemos ponernos al servicio, no del gobierno actual sino de la Patria. Ella es la que nos creó a todos. Está más allá, mucho más allá de las constituciones efímeras. Por circunscrita y limitada que se encuentre hoy la vida multiforme de Rusia, tenemos tiempo para permanecer y ser dignos de once siglos de nuestro imborrable pasado. Es la herencia de muchas decenas de generaciones, tanto precedentes como posteriores a la nuestra.

Y no sea la nuestra la generación que traicione a todas.

Glosario e índice onomástico

Aksakov, Iván (1823-1886): Escritor, periodista, destacado representante del movimiento eslavófilo.

Alexis II Ridiger (nacido en 1929): Actual patriarca ruso desde 1990.

Alexis Mijailovich: Segundo zar (1645) de la dinastía Romanov. A pesar de su carácter "afable" y sus "buenas intenciones" no pudo evitar el Cisma religioso (véase más abajo).

Apparatchik: Funcionario del Partido.

Baker, James: Secretario de Estado norteamericano durante la presidencia de George Bush.

Bestuzhev-Riumin, Alexis (1693-1770): Conde, gran canciller; en los hechos, gobernante de Rusia de 1741 a 1757.

Bzhezinski: Jefe de la diplomacia norteamericana durante la presidencia de James Carter.

Centurias negras: Organización de extrema derecha antes de 1917.

Chaadaev, Piotr (1793-1856): Uno de los primeros pensadores rusos, discípulo de Joseph de Maistre. Indagó en el destino histórico de Rusia y puso en duda su aptitud para progresar.

Cheka: Nombre original de la policía política fundada por F. Dzherzinski (véase Dzherzinski).

Chubais, Anatoli: Economista, uno de los "reformadores" de la economía rusa criticados por el autor de este ensayo.

Cisma: División en el seno de la Iglesia rusa en la segunda mitad del siglo XVII entre el sector oficial y los "viejos creyentes", que se negaron a aceptar las modificaciones al ritual impuestas por el patriarca Nikon.

Comintern: III Internacional.

Denikin, Anton (1872-1947): General que en 1917 organiza y luego toma el mando de los ejércitos Blancos contra los bolcheviques. Emigra a Francia, donde escribe cinco volúmenes de recuerdos y reflexiones sobre las convulsiones de la época revolucionaria.

DONSKOI, Dimitri (1350-1389): Gran príncipe de Moscú, vence a los tártaros en la batalla del Don (de ahí su apellido) en 1380. Canonizado en 1993.

DUDAEV: Proclamó la independencia de Chechenia en 1991.

DZERZHINSKI, Félix: Fundador de la Cheka, nombre original de la policía política del régimen bolchevique.

FEDOTOV, Georges (1886-1851): Historiador medievalista, emigrado en 1924; especialista en historia religiosa rusa y notable pensador político.

GAIDAR, Iegor: Economista, uno de los "reformadores" partidarios de la "terapia de choque" denunciados en esta obra.

Glavlit: Organismo de control y censura de la prensa durante el régimen soviético.

GPU: Nombre que recibe la Cheka a partir de 1922 (véase Cheka).

Gulag: En principio, administración de los campos; por extensión, sistema concentracionario.

Heredades: Del siglo XIII al XV Rusia se dividió en territorios independientes que constituían la propiedad hereditaria de determinados príncipes.

IAZOV: Mariscal, Ministro de la Defensa bajo Gorbachov.

ILLIN, Iván (1883-1954): Pensador político conservador, especialista en Hegel, desterrado de Rusia en 1922.

JRAPOVITSKI, Anton (1863-1936): Eminente prelado conservador, desde el exilio dirigió el ala de la Iglesia contraria a todo compromiso e incluso a todo contacto con el patriarcado de Moscú.

KALININ, Mijail (1875-1946): Político bolchevique; a partir de 1919, presidente decorativo de la República Socialista Rusa y luego de la URSS.

KERENSKI, Alexandr: Presidente del gobierno provisional después de la Revolución de febrero de 1917.

KLIUCHEVSKI, Basil (1841-1911): El más grande historiador ruso, contribuyó al surgimiento del liberalismo político a partir del *zemstvo*.

Koljós: Granja colectiva.

KOZIREV: Ministro de Relaciones Exteriores durante la presidencia de Ieltsin.

KRAVCHUK: Primer presidente de Ucrania después de la independencia.

KUCHMA: Presidente de Ucrania.

LAVRENIOV, Boris (1891-1959): Escritor y dramaturgo soviético, exaltó el heroísmo revolucionario.

Le Bon, Gustave (1841-1931): Médico y sociólogo francés, inventor y especialista en "psicología de masas".

Leontiev, Constantin (1831-1891): Escritor y pensador ruso, vigoroso adversario de la civilización occidental, considerado "burgués" y "escandaloso".

Leskov, Nicolás (1831-1895): Escritor, notable retratista de la vida nacional rusa.

Levitski, Serguei (1908-1983): Filósofo recibido en la Universidad de Praga, teórico del "solidarismo".

Major, John: Primer ministro conservador de Gran Bretaña, sucesor de Margaret Thatcher.

Minin y Pozharski: Héroes nacionales, oriundos de Nijni-Novgorod, en 1612 reunieron un ejército popular que expulsó al invasor polaco de Rusia.

Moscales: En Ucrania, mote peyorativo que se aplica a los moscovitas y por extensión a todos los rusos.

Mukden y Tsushima: Batallas de tierra y mar donde Rusia sufrió graves derrotas durante la guerra con Japón en 1904.

mvd: Sigla del Ministerio del Interior. Desde su fusión con el Ministerio de Seguridad del Estado, en 1953, designa a la policía política.

Nazarbaev: Presidente de Kazajstán después de la independencia.

Nikon (1605-1681): Patriarca de Moscú de 1652 a 1667, se dedicó a reformar las prácticas litúrgicas de la Iglesia rusa, lo que provocó el Cisma de los "viejos creyentes". Por su intento de colocar el poder de la Iglesia por encima del poder del Estado, el zar Alexis Mijailovich lo condenó, destronó y encerró en un monasterio.

Ogurtsov, Igor (nacido en 1937): Fundador de una organización clandestina de inspiración cristiana personalista, condenado en 1967 a siete años de prisión, ocho años en un campo de trabajo y cinco años en el exilio.

Opción por Rusia (partido de la): Partido centrista del nuevo tablero político ruso.

Osipov, Vladimir (nacido en 1938): Disidente moscovita preso entre 1961 y 1968, arrestado nuevamente en 1974.

Parvus: Compañero de Lenin en el exilio. Véase *Lénine à Zurich* [*Lenin en Zurich*], París, Seuil, 1975.

Período de los Disturbios: Nombre con que se conoce las conmociones que sufrió Rusia a fines del siglo xvi y comienzos del xvii, debidas sobre todo a la interrupción dinástica provocada en 1691 por el asesinato del joven zarevich Dimitri, hijo de Iván el Terrible.

Poliano: Literalmente, habitante del campo en oposición al de los bosques. Etnia eslava arraigada en las márgenes del Dnieper en el siglo XI, con centro en Kiev.

POZHARSKI: Véase Minin.

PRIMAKOV, Yevgueni: Ex director de la KGB, diplomático, ministro de Relaciones Exteriores durante la presidencia de Boris Ieltsin, primer ministro después de la crisis de 1998.

PUGACHOV, Emiliano (1726-1775): Cosaco, pretendiente al trono bajo el nombre de Pablo III, inicia en la cuenca del Volga y los Urales una poderosa sublevación en la que participan muchos campesinos y poblaciones extranjeras. Ejecutado en 1775. Pushkin escribió la primera historia de esta revuelta.

RACHINSKI, Serguei (1883-1902): Profesor de botánica en la universidad, se dedicó por completo a promover la instrucción popular.

Radio Liberty: Emisora de radio que transmite hacia los países del Este, instalada en Europa Occidental pero subvencionada en gran medida por el gobierno norteamericano.

Raskol: Véase Cisma.

RODIONOV, Iván: Jefe de un distrito rural, escritor ocasional.

Rusia de Kiev: La "cuna" de Rusia.

Rusos: pequeños, los ucranianos; blancos, los bielorrusos.

RYSKULOV, Temir (1894-1943): Miembro del Partido bolchevique desde 1914, presidente del Comité Ejecutivo Revolucionario en Turquestán, vicepresidente del Consejo de Comisarios del Pueblo de la RSFSR de 1926 a 1937. Arrestado en 1937 por "desviaciones nacionalistas", sin duda murió en el Gulag.

SHEVARNADZE: Ministro de Relaciones Exteriores de Gorbachov, luego presidente de Georgia.

SHULGUIN, Basil (1898-1976): Político, escritor, diputado monárquico a la Duma, emigró en 1920. En 1945 fue detenido por la policía soviética en Yugoslavia y pasó 11 años en el Gulag.

Siete de noviembre: Aniversario del golpe de Estado bolchevique de octubre (según el antiguo calendario) y fiesta cívica.

Smenovejovtski: Movimiento de exiliados nacido en 1920 que trató de reconciliarse con el régimen comunista.

Solonevich, Iván (1891-1953): Periodista, detenido en 1933, escapó de un campo en Carelia y pasó a Occidente donde desarrolló una actividad intensa.

Soviet: Consejo.

Sovjós: Granja del Estado.

Stolypin, Piotr (1862-1911): Eminente estadista ruso, ministro del Interior y presidente del Consejo de Ministros a partir de 1906, promotor de una importante reforma agraria. Conservador liberal, conoció la hostilidad tanto de los revolucionarios como de la extrema derecha. Asesinado en 1911.

Stragorodski, Serguei (1867-1944): Eclesiástico y teólogo. Tras la muerte del patriarca Tijón, asumió la dirección de la Iglesia en una época de persecuciones terribles y acordó algunos compromisos con el poder soviético. Designado patriarca en 1942.

Struve, Piotr (1870-1944): Economista, sociólogo, filósofo, uno de los fundadores de la socialdemocracia rusa y luego del Partido Demócrata Constitucional (llamado Cadete), se fue al exilio en 1919.

Tijomirov, Lev (1852-1923): Político, escritor, revolucionario, arrepentido en 1888, luego teórico de la monarquía absoluta.

Tijón, Bellavin (1865-1925): Designado patriarca en noviembre de 1917 al restablecerse el patriarcado suprimido por Pedro el Grande. Canonizado en 1993.

Tiutchev, Teodor (1803-1873): Uno de los más grandes poetas rusos, también notable ensayista político en lengua francesa.

Tsushima: Véase Mukden.

Uchinski, Constantin (1824-1870): Fundador de la pedagogía rusa moderna.

unso: Destacamentos populares de autodefensa en Ucrania.

Uspenski, Gleb (1843-1902): Escritor populista, autor de narraciones sobre la vida campesina y los efectos perversos del capitalismo naciente.

Vermont: Estado norteamericano donde vivió Solzhenitsyn durante sus casi veinte años de exilio (cerca de la aldea de Cavendish) después de partir de Zurich.

Viazemski, Piotr (1792-1878): Poeta, crítico literario, uno de los primeros partidarios del consevadurismo liberal.

Viejos creyentes: Los que se negaban a aceptar las modificaciones al ritual impuestas por el patriarca Nikon.

Wrangel, Piotr (1878-1928): General, en 1920 sucedió a Denikin como jefe de los ejércitos Blancos. Tras la evacuación de Crimea, fue hasta su muerte el jefe indiscutido de las organizaciones militares en el exilio.

Zeks: Detenidos de los campos soviéticos; véase *Archipiélago Gulag*.

Zemstvo: Asamblea provincial autónoma.

Zhek: Sigla de la administración de un conjunto de edificios.

Zinoviev, Alexandr: Sociólogo marxista, emigró de la URSS en los años setenta, escribió varias obras (*Les Hauteurs béantes, L'Avenir radieux, La Katastroïka*) en las que dirige sus dardos al carácter ruso más que a la ideología comunista y sus crímenes.

ÍNDICE GENERAL

Intransigencia
[127]

¿Los rusos seguiremos existiendo?
[145]

Se terminó de imprimir
en el mes de julio de 1999
en Latingráfica, Rocamora 4161,
Buenos Aires, República Argentina.
Se tiraron 2.000 ejemplares.